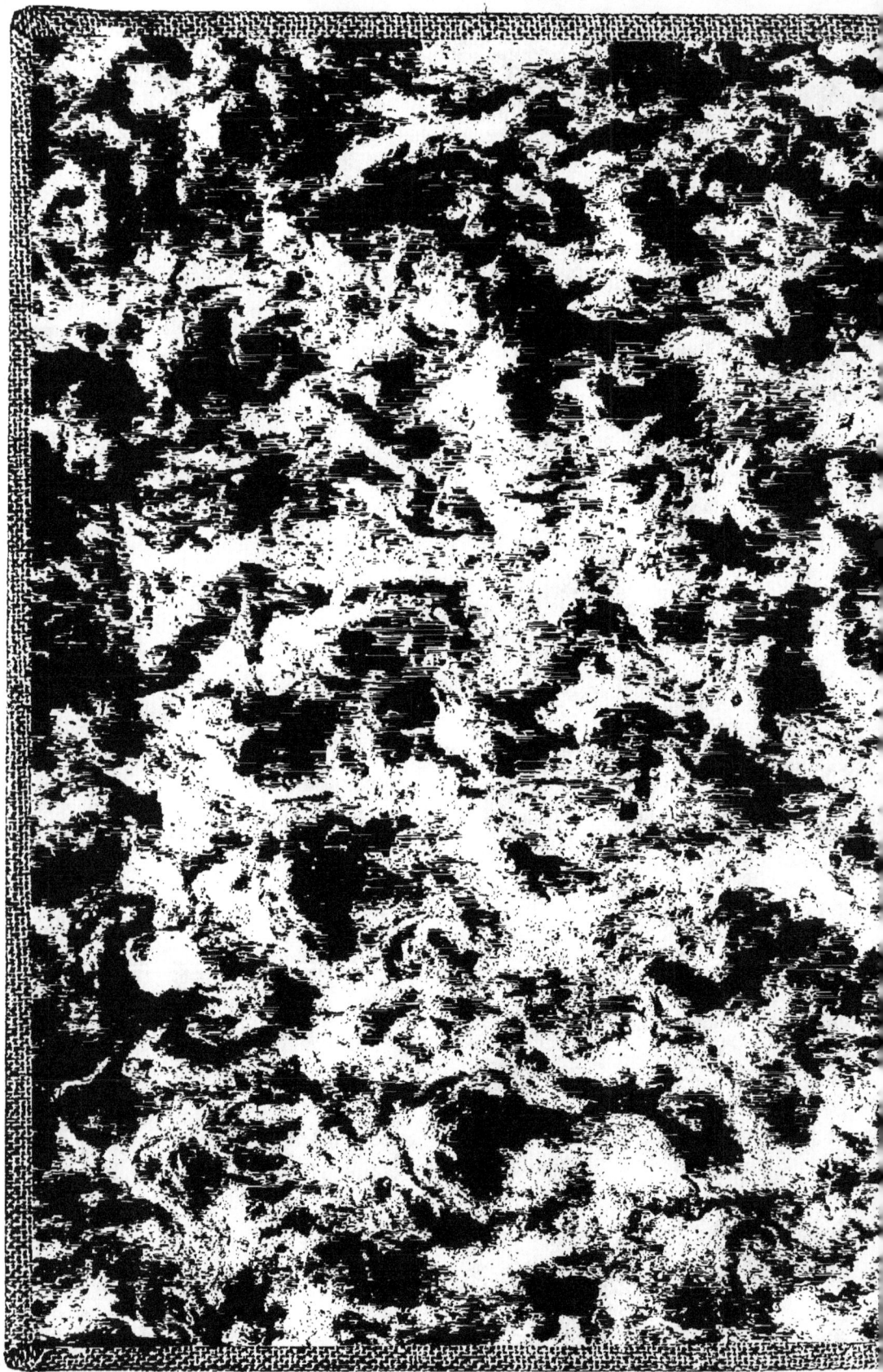

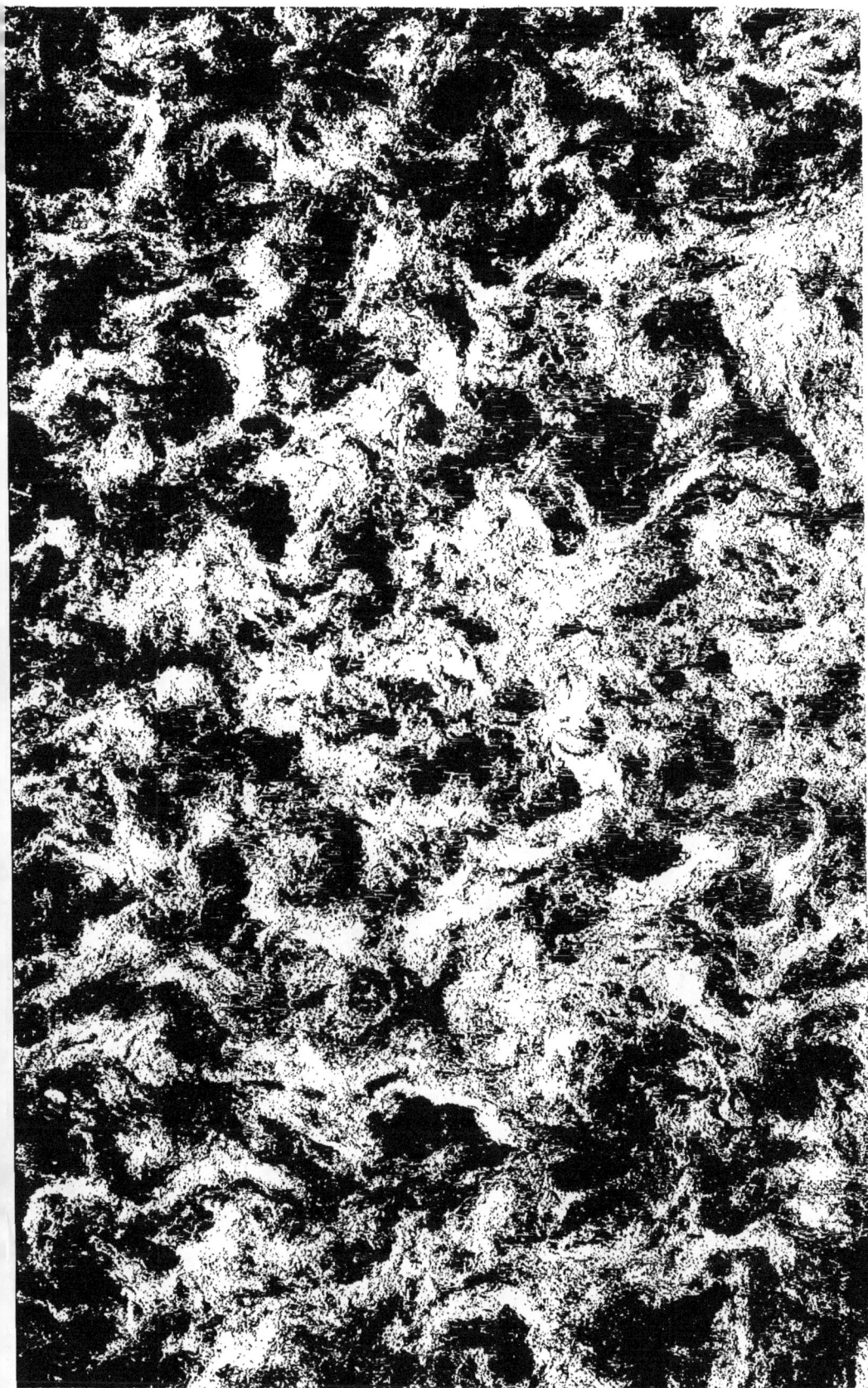

c

C

UNIVERSITÉ DE FRANCE

FACULTÉ DE DROIT DE PARIS

DES DROITS DE MUTATION

A ROME ET DE NOS JOURS

THÈSE POUR LE DOCTORAT

PRÉSENTÉE ET SOUTENUE

Le mercredi 22 juin 1881, à 1 heure 1/2

PAR

Eugéne LE ROY

Président : M. DE VALROGER, *professeur.*

Suffragants : { MM. BATBIE, DEMANTE, LYON-CAEN, ALGLAVE, } { *professeurs.* *agrégés.* }

Le Candidat répondra, en outre, aux questions qui lui seront faites sur les autres matières de l'enseignement.

PARIS

ALPHONSE DERENNE

52, Boulevard Saint-Michel, 52

1881

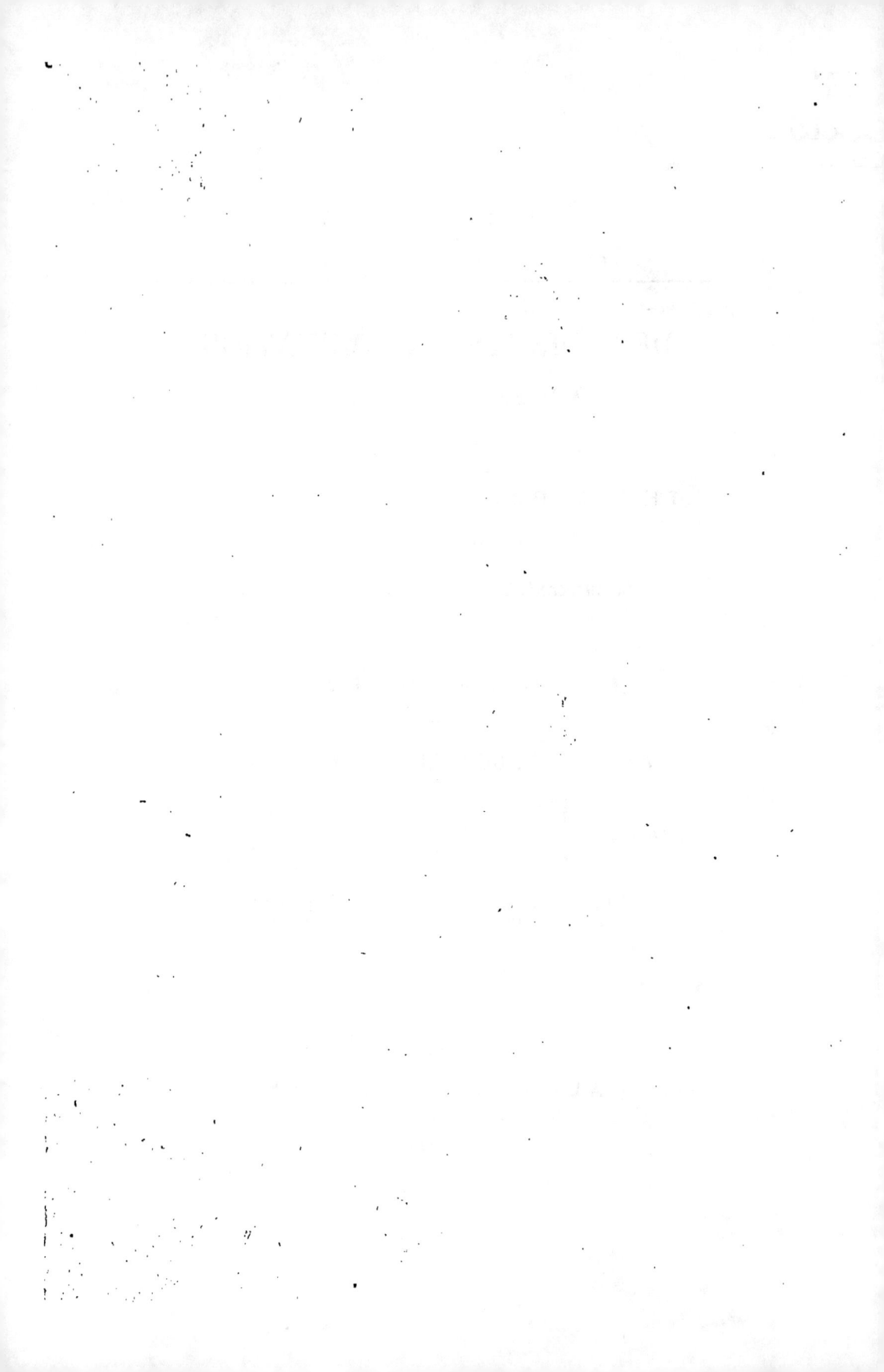

UNIVERSITÉ DE FRANCE

FACULTÉ DE DROIT DE PARIS

DES DROITS DE MUTATION

A ROME ET DE NOS JOURS

THÈSE POUR LE DOCTORAT

PRÉSENTÉE ET SOUTENUE

Le mercredi 22 juin 1881, à 1 heure 1/2

PAR

Eugène LE ROY

Président : M. DE VALROGER, *professeur*.

Suffrayants : MM. BATBIE, DEMANTE, LYON-CAEN, ALGLAVE, *professeurs*. *agrégés*.

Le Candidat répondra, en outre, aux questions qui lui seront faites
sur les autres matières de l'enseignement.

PARIS

ALPHONSE DERENNE

52, Boulevard Saint-Michel, 52

1881

A MA MÈRE

MEIS ET AMICIS

DES DROITS DE MUTATION

A ROME ET DE NOS JOURS

La législation de la France moderne présente un vaste système d'impôts qui permet d'englober dans son puissant réseau toutes les richesses du pays et dont la savante combinaison atteint le travail dans toutes ses productions et la fortune sous toutes ses formes, sans néanmoins apporter aucun obstacle à la circulation des capitaux comme au développement de l'agriculture, du commerce et de l'industrie. Sans doute le législateur ni l'économiste n'ont dit leur dernier mot dans cette matière si complexe et si variable ; sans doute il y a bien des abus à redresser et bien des erreurs à corriger. Mais, lorsque, sans s'arrêter aux détails, on contemple l'ensemble de notre régime financier et qu'on le compare aux impôts de l'Empire romain et de l'ancienne monarchie française, n'est-on point surpris de l'immense progrès que le législateur a réalisé dans cette matière, et n'admire-t-on point combien il a développé, corrigé et amélioré le système des impositions publiques tant au point de vue de leur assiette qu'au point de vue de leur recouvrement ?

Dans le budget de notre époque où les recettes et les dépenses de notre pays se chiffrent par près de 2 milliards 800.000 000, les impôts indirects occupent la plus large place à l'inverse de ce qui avait lieu à Rome ; et, au milieu de ces impôts indirects que nous trouvons en si grand nombre et sous des formes si diverses dans la législation moderne, nous rencontrons au premier plan l'impôt de l'enregistrement qui constitue pour l'État une source de revenus considérables. C'est ainsi que, dans le budget de l'année 1881 (lois des 16 juillet 1880 et 28 décembre 1880), les impositions indirectes figurent pour une somme totale d'environ 2 milliards 300.000.000 de francs, et que dans cette somme on comprend 663.983.000 francs comme évaluation du rendement probable de l'enregistrement et du timbre pendant l'année 1881.

L'enregistrement comprend aujourd'hui plusieurs sortes de droits : si on les considère au point de vue de leur tarif, ils se divisent en droits fixes, gradués ou proportionnels ; si on les envisage par rapport à l'étendue de leur champ d'application, ils se divisent en droits d'actes ou de mutation.

Parmi ces différents droits d'enregistrement, nous allons étudier le plus important d'entre eux, le droit de mutation. Tandis que le droit d'acte, qu'on oppose au droit de mutation, n'est dû qu'à raison de la rédaction d'un écrit, tandis qu'il n'est exigible qu'autant qu'il a été fait un écrit constatant les conventions des parties, le droit de mutation, au contraire, est dû indépendamment de tout écrit, à raison de toute transmission de propriété, d'usufruit ou de jouissance.

Mais les droits de mutation n'ont jamais eu autrefois le développement qu'ils comportent aujourd'hui, et c'est ce que nous allons voir en étudiant les progrès successifs de la législation à cet égard sous l'Empire romain, sous l'ancienne monarchie française et à l'époque actuelle.

PREMIÈRE PARTIE

Des droits de mutation à Rome

Rome ne connut qu'assez tard les droits de mutation : ce n'est qu'à une époque assez avancée de son histoire que l'on voit apparaître, l'un après l'autre, certains impôts frappant les mutations de propriété ou d'usufruit, et jamais il n'y eut un système général atteignant les mutations sous toutes leurs formes, entre-vifs ou par décès, comme nous le voyons dans notre législation moderne.

Le droit politique de Rome n'établit à l'origine qu'un impôt unique, le *cens*. Servius Tullius divisa le peuple romain en cinq classes, dont la première comprenait les citoyens possédant plus de 100.000 as et dont la cinquième renfermait ceux qui possédaient au moins 11.000 as (Tite-Live, liv. 1, § 43). Au-dessous se trouvait la multitude non classée et franche d'impôt : *accensi, velati, proletarii, capite censi*.

Chaque chef de famille fut obligé de se faire inscrire sur les registres du cens, en indiquant sous la foi du serment le nombre des personnes qui composaient sa famille, et ses biens de toute nature, fidèlement estimés, sous peine de confiscation pour les biens qu'il aurait omis (Denys d'Halicarnasse, liv. 4, § 16). Et c'est d'après sa fortune ainsi déclarée que chaque citoyen fut rangé dans l'une des classes dont nous venons de parler. Les opérations du cens taient faites pour cinq ans, pour un lustre.

La division du peuple en cinq classes servit de base à l'impôt : désormais, les charges publiques ne furent supportées que par les citoyens inscrits dans l'une des cinq classes, et chacun y dut contribuer en proportion de ses ressources.

Après la conquête de la Macédoine, Rome se crut assez riche pour rejeter le fardeau des impôts sur les provinces : Rome d'abord, puis l'Italie tout entière après la guerre sociale, furent exemptées de l'impôt, et l'État puisa les ressources dont il avait besoin, dans les tributs qui avaient été mis à la charge des pays conquis. Pour la levée de ces tributs, on se conforma d'abord au régime financier antérieur à la conquête, on maintint d'abord les impôts qui avaient existé auparavant dans la province conquise ; mais peu à peu l'Empire tendit à l'unification du régime financier, et on arriva enfin à un système unique d'impôts que nous allons résumer en quelques mots.

D'un côté, il y eut les impôts directs qui comprirent, outre différentes taxes accessoires, une double capitation et la *collatio lustralis*. Il y avait d'abord la *capitatio humana* ou *plebeia*, impôt personnel : c'était une taxe fixe, dont le chiffre était déterminé chaque année par un décret de l'empereur appelé *indictio*, et qui n'était demandée qu'à ceux qui ne figuraient point sur les rôles de l'impôt foncier. La seconde capitation était la *capitatio terrena*, impôt foncier basé sur un cadastre : pour l'assiette de cet impôt, le territoire se divisait en *capita*, et chaque *caput* était une portion de territoire représentant par sa fertilité et par son étendue une valeur de 1000 *solidi*, de mille sous d'or. L'*indictio* du prince indiquait la somme qu'aurait à fournir chaque *caput* pour l'acquit de l'impôt foncier. Enfin nous trouvons la *collatio lustralis*, impôt des industries, qui ne se payait qu'une fois par lustre.

Si nous passons aux impôts indirects, nous voyons qu'il y avait des douanes, *portaria*, qui frappaient les transports de marchandises ; nous trouvons aussi un impôt sur la vente et sur l'affranchissement des esclaves, un impôt sur les successions et même sur les donations, un impôt sur les marchandises vendues dans les marchés de Rome, une taxe du dixième sur le produit des mines. Mais il n'existait point à Rome de droit de mutation sur les ventes d'immeubles. Enfin l'État avait certains monopoles, tels que le monopole de la vente du sel, celui de la vente du baume.

Tel fut le régime financier de l'Empire romain jusque dans les derniers temps de son existence, sauf quelques modifications de détail et des exemptions nombreuses accordées aux fonctionnaires, aux favoris des princes et même aux simples habitants des villes. L'impôt foncier fut augmenté et exagéré d'une façon déplorable, et le fardeau des charges publiques retomba presque tout entier sur les populations des campagnes ; et c'est ainsi que l'on vit les terres abandonnées par tous et la misère la plus grande régnant au sein des campagnes, comme l'atteste le titre *De omni agro deserto* du Code de Justinien.

Après cet exposé sommaire des impositions romaines, nous allons passer à l'étude spéciale des divers droits de mutation que nous rencontrons dans le droit politique de l'Empire romain.

TITRE PREMIER

L'impôt du vingtième sur les successions fut à Rome le plus important des droits de mutation et aussi le seul sur lequel nous ayons des renseignements un peu détaillés.

Nous allons rechercher quelle fut son origine et combien de temps il dura, quelle fut son assiette, et comment on procédait à son recouvrement.

CHAPITRE PREMIER

ORIGINE DE L'IMPOT DES SUCCESSIONS, SON TARIF, SA SUPPRESSION.

L'impôt du vingtième sur les successions fut établi par Auguste en l'année 759 de la fondation de Rome, sous le consulat de M. Æmilius et de L. Arruntius (Dion Cassius, LV, 25) : ce fut une loi *Julia*, appelée *lex vicesima hereditatium*, qui créa cet impôt, mais malheureusement son texte ne nous est point parvenu.

Cette loi avait été commentée par deux jurisconsultes dont les œuvres ne sont pas venues jusqu'à nous. Le premier fut Aulus Ofilius, dont le fragment 2, § 44, Dig., *de origine juris*, nous dit : « *de legibus vicesima primus conscripsit.* » Le second fut Æmilius Macer qui écrivit un commentaire en deux livres sur la *lex vicesima hereditatium* ; le Digeste nous a conservé cinq fragments de ce commentaire, qui sont la loi 68, *ad legem falcid.*, la loi **37**, *de religiosis*, la loi **154**, *de verb. signific.*, la loi **7**, *qui testam. fac. poss.*, et la loi **13**, *de transact.*

Cet impôt établi par la *lex vicesima hereditatium* n'était point d'ailleurs nouveau, et Dion Cassius (LV, 25) nous dit qu'il avait été établi une première fois avant Auguste, puis aboli, puis qu'Auguste ne fit que le rétablir. A ce sujet, on s'est demandé s'il ne fallait pas aller chercher dans une loi Voconia, de l'an 585 de Rome, l'origine de cet impôt : on a appuyé cette opinion sur un passage de Pline-le-Jeune, dans le panégyrique de Trajan (panégyr., 42), où la loi Voconia et la loi Julia sont rapprochées l'une de l'autre, et on s'est dit que cette loi Julia, relative à des impôts, ne saurait être que la loi Julia *de vicesima hereditatium*, et qu'à raison du rapprochement fait ici par Pline-le-Jeune, la loi Voconia devait contenir des dispositions analogues à la loi Julia *de vicesima*. Mais M. de Valroger fils a repoussé cette opinion : il a montré que rien ne prouvait que Pline ait voulu parler ici de la loi Julia *de vicesima* plutôt que de toute autre loi Julia qui par ses dispositions enrichissait le fisc, et qu'au surplus la loi Julia *de vicesima* aurait abrogé la loi Voconia et ne l'aurait point laissé subsister à côté d'elle et en concours avec elle comme le supposerait le passage de Pline cité plus haut (*Revue critique de législation*, année 1859, tome XIV).

Pendant la guerre soutenue par les triumvirs contre Sextus Pompée, et pour subvenir aux frais de cette lutte coûteuse, Octave, Antoine et Lépide rendirent en l'an 714 de Rome un édit par lequel ils créèrent un droit de mutation sur les dispositions testamentaires : c'est ce qui est formellement rapporté par Appien (V, 67). N'est-ce point dans cet édit de 714 qu'il faut voir l'origine de la *vicesima hereditatium*, n'est-ce point à cet édit des triumvirs que Dion Cassius a voulu faire allusion dans le texte que nous citions plus haut ? D'ailleurs cet impôt sur les successions prit fin avec la guerre civile et ne fut rétabli qu'en 759 par la *lex vicesima hereditatium*.

C'est à l'occasion de cet édit de 714 que fut portée la *lex falcidia* : Dion Cassius place en effet cette loi en l'année 714 (XLVIII, 33). L'édit des triumvirs ne frappait que les successions testamentaires ; il fallait en conséquence empêcher les testaments de tomber faute d'héritiers : de là la *quarte falcidie*.

Dion Cassius (LV, 25) nous rapporte avec des détails assez minutieux quelles difficultés souleva l'établissement de la *vicesima hereditatium* en l'an 759 de Rome et à quelles ruses Auguste dut avoir recours pour vaincre la résistance du peuple et du sénat. Les longues années de guerre civile avaient épuisé les ressources de l'État, et les finances se trouvaient dans un état déplorable : Auguste chercha à établir un nouvel impôt pour faire face aux besoins du régime nouveau et surtout à l'entretien de l'armée permanente.

Or l'Italie était exempte de tout impôt foncier depuis la guerre de Macédoine : pour mettre Rome et l'Italie à contribution sans toutefois abroger l'immunité de l'impôt foncier à laquelle on tenait par-dessus tout, Auguste proposa d'établir un impôt du vingtième sur les successions des citoyens romains. Mais ce projet rencontra de grands obstacles et donna même lieu à des désordres sérieux dans l'enceinte de Rome. Auguste invita alors le sénat à rechercher un autre moyen de subvenir aux besoins de l'État et de faire face aux charges du budget qui devenaient de jour en jour plus lourdes, et en même temps il fit commencer en Italie des opérations pour l'établissement d'un cadastre. L'insuccès du sénat à trouver un impôt sérieux en remplacement de la *vicesima hereditatium*, et la perspective du rétablissement de l'impôt direct en Italie, forcèrent toutes les résistances et firent admettre comme seul possible l'impôt du vingtième sur les successions.

Le but de cet impôt a donc été d'enlever à l'Italie l'immunité dont elle jouissait à l'égard des charges de l'État : ceci est important à constater, et nous aurons à en tirer des conséquences dans le cours de cette étude de la *vicesima hereditatium*.

Auguste avait fondé une caisse militaire, *ærarium militare*, pour subvenir aux frais d'entretien de l'armée permanente qu'il venait d'établir. Pour remplir cette caisse, il lui donna un premier capital de 1.700.000 sesterces ; il lui attribua aussi un certain nombre de fortunes confisquées. Enfin, pour l'avenir, et comme source régulière de revenus, il lui attribua le produit de la *vicesima hereditatium*. C'est ainsi que l'impôt des successions fut un des revenus spéciaux de l'*ærarium militare* (Dion Cassius, LII, 27, et LV, 25, 32).

Quel était le tarif de l'impôt des successions? A l'origine, point de difficulté : le nom de l'impôt l'indique suffisamment, c'était le vingtième de la valeur des successions, c'est-à-dire une taxe de 5 pour 100 sur tous les biens successoraux, sauf déduction des dettes, des frais funéraires, etc. Mais, plus tard, la quotité de cet impôt varia. Caracalla, dont les prodigalités et les folies épuisaient les ressources de l'Empire, songea à augmenter le taux de la *vicesima hereditatium*, et celle-ci fut portée au dixième de la valeur des biens héréditaires : ce fut une taxe de 10 pour 100.

Mais le successeur de Caracalla, Macrin, abaissa le taux de notre impôt, et le ramena au vingtième : ce fut désormais le taux invariable de l'impôt des successions (Dion Cassius, LXXVII, 9, et LXXVIII, 18).

Nous venons de voir quel était le tarif de l'impôt des successions. A la différence de notre droit moderne qui avec raison élève le taux du droit de mutation à mesure que le lien de parenté entre le *de cujus* et son héritier se relâche et s'affaiblit, le droit romain n'admettait qu'un même tarif pour tous les héritiers, quels qu'ils fussent, sauf les exemptions en faveur des plus proches parents dont nous aurons à parler plus loin. Du moment où l'héritier n'était point l'un des proches parents que la loi exemptait complètement de l'impôt, il lui fallait payer la *vicesima* tout entière, sans que la loi se préoccupât de savoir s'il était parent du défunt ou si c'était un étranger appelé à sa succession par le testament du *de cujus*.

La loi ne fait également aucune distinction entre la succession testamentaire et la succession *ab intestat* : dans les deux cas, le droit de mutation est le même.

L'impôt des successions subsista pendant plusieurs siècles dans l'Empire romain : il nous reste à voir à quel moment il disparut. Ce qu'il y a de certain à cet égard, c'est qu'au temps de Justinien il avait cessé de figurer parmi les revenus de l'État. La loi 3, au Code de Justinien, *de edicto divi Hadriani tollendo*, ne laisse point de doute à cet égard : Justinien abolit un édit rendu par Adrien *sub occasione vicesimæ*, à l'occasion de la *vicesima hereditatium*, parce que, dit-il, l'impôt du vingtième auquel cet édit se rattachait avait cessé d'exister, *quia et vicesima hereditatis ex nostra recessit republica*.

Mais à quelle époque précise l'impôt du vingtième vint-il à disparaître ? Sur cette question il y a controverse : l'impôt était encore en vigueur sous Valens, comme le prouve une inscription du règne de cet empereur où il est question d'un *procurator XX hereditatium*. Alciat (liv. III, *Dispunct.*, chap. 6) attribue la suppression de la *vicesima* à l'empereur Gratien ; suivant Cujas, au contraire, elle aurait subsisté jusqu'au règne de Justinien (Cujas, *ad leg.* 17, *de verborum signif.*, Dig.).

CHAPITRE II

Nous allons ici rechercher quelles valeurs étaient frappées de l'impôt des successions, c'est-à-dire quelle était son assiette ; puis nous examinerons les différentes exemptions que le droit romain admit successivement en cette matière ; enfin il nous restera à voir comment l'impôt se répartissait entre les divers ayant-cause du *de cujus*.

§ 1. — *Assiette de l'impôt des successions.*

L'impôt du vingtième établi par la loi Julia frappe les successions légitimes et les successions testamentaires, tandis que l'édit des triumvirs de l'année 714 n'avait atteint que les dispositions testamentaires.

Ainsi donc toute succession est grevée du droit du vingtième, soit qu'il s'agisse d'une succession *ab intestat*, soit qu'il s'agisse d'une succession testamentaire. Mais sur quelles valeurs l'impôt du vingtième était-il assis? comment devait-on liquider la succession au point de vue de l'application de la *vicesima hereditatium*?

L'impôt du vingtième frappait toutes les valeurs de la succession, meubles, immeubles et choses incorporelles : le taux de l'impôt est d'ailleurs le même pour tous ces biens.

Comment estimait-on la valeur des biens héréditaires? L'héri-

tier devait sans doute faire une déclaration estimative des biens de
la succession, et les agents des publicains contrôlaient la sincérité
de cette estimation. Mais s'il s'élevait des difficultés sur l'estimation, comment procédait-on à l'expertise et d'après quelles bases
estimait-on les biens? Comment se réglait le différend entre le contribuable et les publicains? A cet égard, nous ne trouvons aucun
renseignement.

Toutefois, pour les legs d'usufruit ou d'aliments, la jurisprudence avait établi des règles qui sont consignées au Digeste dans
la loi 68, *ad legem falcidiam*, et dont nous parlerons sous le
§ 3 du présent chapitre.

L'impôt ne frappait point l'actif brut de la succession, mais il
fallait en déduire les dettes et les frais funéraires, et c'est sur
l'actif net de la succession, après déduction de ces diverses charges,
que l'on percevait un droit de mutation de 5 0/0 (De Serrigny,
droit public et administratif romain, n°ˢ 851, 852; Dureau de la
Malle, économie politique des Romains, liv. IV, chap. 21). En
ce qui concerne les frais funéraires, cela est reconnu par tous les
auteurs qui se sont occupés de notre impôt : V. Burmann, Dureau
de la Malle, de Valroger fils, De Serrigny. De même MM. Dureau de la Malle et de Serrigny sont d'accord pour déduire les
dettes héréditaires : cela résulte de l'assimilation qui est faite dans
la loi 68, *ad leg. falcid.*, Dig., entre l'évaluation des biens pour
le calcul de la *quarte facidie* et celle qui sert de base au paiement
de la *vicesima*. M. de Serrigny déduit également la valeur des esclaves affranchis, en se fondant sur l'analogie que nous venons de
signaler entre la *quarte facidie* et la *vicesima* (Droit publ. et
adm. rom., n° 851). Burmann pensait qu'il fallait faire distraction des pensions alimentaires, et cette opinion est reproduite par
MM. Dureau de la Malle, Bouchard et Clamageran : mais la loi
68, *ad leg. falcid.*, Dig., sur laquelle ils s'appuient, paraît, au

contraire, établir que les legs de pensions viagères ou d'usufruit étaient assujettis à la *vicesima* comme les autres legs, et, par suite, qu'il n'y avait pas lieu de les déduire dans l'évaluation des biens héréditaires (De Serrigny, Droit publ. et adm. rom., n° 852).

En conséquence des déductions qu'il y avait lieu de faire sur l'actif brut de la succession, les agents des publicains se trouvaient amenés à contrôler les différentes dépenses que le contribuable alléguait en déduction : c'est ainsi qu'ils s'immisçaient dans les affaires de la succession pour examiner si les frais funéraires n'étaient pas excessifs et ne dépassaient point les justes limites que semblaient assigner et la fortune et le rang social du défunt. Nous trouvons à cet égard au Digeste un fragment du jurisconsulte Macer qui forme la loi 37, *de religiosis et sumptibus funerum* : il y est dit que l'on doit considérer comme frais funéraires tous les frais que les funérailles ont pu occasionner, pourvu qu'ils aient été faits *corporis causa*, tels que l'achat d'un lieu de sépulture, les frais de transport du cadavre, les frais du sarcophage et ceux du tombeau. On appliquait sans doute pour ces frais funéraires les règles suivies pour l'action *funeraria* (loi 14, § 6, *de religiosis*, Dig.).

Mais Trajan défendit aux publicains de s'immiscer dans les funérailles, et leur ordonna de tenir compte, dans la liquidation des droits de succession, de tous les frais qui auraient été faits pour les funérailles (Pline, panégyr., 40). Cette indépendance de l'héritier ne subsista pas longtemps, comme le prouve un rescrit d'Adrien rapporté au Digeste (loi 37, § 1, *de religiosis*), qui sans doute réglementa à nouveau notre matière : la disposition de ce rescrit qui nous a été transmise défend de comprendre dans les frais funéraires les dépenses faites pour orner un tombeau de colonnades.

Sur la valeur de la succession il fallait encore déduire les fonds provinciaux : cela semble résulter du but de l'impôt des successions qui devait pour l'Italie tenir lieu de l'impôt foncier que payaient les provinces, ainsi que cela est expliqué par Dion Cassius. Cette opinion est d'ailleurs vivement contestée par un savant allemand, Bachofen (ausgewæhlte Lehren, Bonn, 1848).

Sauf ces déductions, la taxe du vingtième était perçue sur tout l'ensemble de la succession, aussi bien sur les legs que sur les institutions d'héritiers. Je sais bien qu'un commentateur de la loi Julia *de vicesima*, Beaudoin, a soutenu que la *vicesima hereditatium* ne frappait que les biens dévolus aux héritiers *ab intestat* ou testamentaires, que c'était une taxe établie seulement sur les *hereditates*, et que les biens faisant l'objet de legs échappaient à cet impôt. Mais la raison qu'il en donne n'est pas sérieuse : s'il pense que les legs étaient dispensés de l'impôt, c'est que les textes ne font jamais mention que des hérédités, *vicesima hereditatium*. Le mot *hérédité* est pris ici dans un sens général et comme comprenant tout l'ensemble des valeurs composant la succession. D'ailleurs la *vicesima* avait été établie pour enrichir l'*ærarium militare* et créer au profit de l'État une source sérieuse de revenus : et si les legs avaient été dispensés de l'impôt, celui-ci n'aurait produit presque rien, puisque souvent l'héritier était réduit à la *quarte falcidie*. De plus le testament de Dasumius, restitué par Rudorff et par M. Laboulaye, ne nous laisse aucun doute à cet égard : Dasumius met expressément à la charge de ses héritiers l'impôt du vingtième qui sans cela aurait été supporté par les légataires, et il veut que ses héritiers emploient tous les moyens possibles pour que les publicains ne puissent inquiéter ceux auxquels il a fait des libéralités, *omnibus modis liberent* (*Revue de législation et de jurisprudence*, année 1845, tome II).

Ainsi la législation romaine a établi un droit de mutation sur toutes les successions : mais faut-il arrêter là le champ d'application de la *vicesima hereditatium* ? Je ne le pense pas ; et, à mon avis, on doit étendre la *vicesima* aux donations à cause de mort qui se rapprochent tant en droit romain des dispositions testamentaires ; d'ailleurs il y eut un moment où toutes les donations furent frappées d'un impôt du vingtième comme nous le verrons plus loin, et à ce moment-là assurément les donations à cause de mort furent atteintes par la *vicesima*. Mais je crois que dès l'origine la *vicesima* s'appliqua aux donations à cause de mort comme aux hérédités et aux legs : n'a-t-on point, en effet, assimilé ces donations aux legs au point de vue de la loi Furia (Gaïus, II, 225, 226) ? N'en est-il pas de même pour les lois Julia et Papia, dont les dispositions relatives à la capacité de recevoir devaient s'appliquer suivant un sénatus-consulte aux donations à cause de mort de la même manière qu'aux legs (Dig., XXXIX, 6, loi 35, *princip.*, et loi 37, *princip.*) ? Enfin les donations à cause de mort et les legs ne sont-ils point mis sur la même ligne au point de vue de la loi Falcidia, en vertu d'une constitution de l'empereur Sévère (Code de Just., VIII, 57, loi 2) ?

En résumé, la *vicesima* s'applique aux successions et aux donations à cause de mort ; mais il importe de remarquer qu'il ne s'agit ici que des citoyens romains, et les successions des étrangers et celles des provinciaux sont exemptes de l'impôt. De là la célèbre constitution de Caracalla qui gratifie tous les habitants de l'Empire, *omnes qui sunt in orbe romano*, du titre de citoyen romain ; c'était, ainsi que le dit Dion Cassius, dans un but fiscal, c'était pour étendre aux provinciaux la *vicesima hereditatium* qui jusque-là n'avait frappé que les citoyens romains.

D'ailleurs, outre le passage de Dion Cassius qui, pour expliquer la constitution de Caracalla, en donne une raison qui semble confirmer absolument ce que nous venons de dire, nous pourrions citer divers passages de Pline-le-Jeune dans son panégyrique de

Trajan ; et, au surplus, le motif de l'établissement de la *vicesima*, tel que nous l'avons expliqué précédemment, fait bien comprendre que les citoyens romains seuls fussent frappés par cet impôt.

Remarquons enfin que l'impôt des successions était dû par le seul fait de l'ouverture de la succession, c'est-à-dire par la mort civile ou naturelle, et non par l'acceptation de l'héritier, par l'adition d'hérédité ; et le délai accordé pour l'acquit de l'impôt courait du jour du décès, sans tenir compte de ce que l'hérédité était jacente.

§ 2. — *Exemptions relatives à la vicesima hereditatium.*

Parmi les personnes qui sont exemptées de la *vicesima*, nous ne citerons, bien entendu, ni les pérégrins, ni les provinciaux, puisque cet impôt n'avait été établi qu'en vue des citoyens romains seulement et pour remplacer l'impôt direct dont l'Italie était exempte. Mais il est deux grandes classes d'exemptions sur lesquelles nous allons entrer dans quelques détails ; ce sont les successions des pauvres et celles qui sont dévolues aux proches parents.

Les successions des pauvres furent dispensées de l'impôt du vingtième ; ceci est constaté par Dion Cassius (LV, 25), qui rapporte que la loi Julia avait excepté de ses dispositions les successions des pauvres, πενήτων. Mais quelles successions faut-il comprendre dans cette catégorie et quelle est la portée de cette exception ? M. de Valroger fils pense que ce sont les successions d'une valeur inférieure à 100.000 sesterces ou *centum aurei* (l'aureus valait 1000 sesterces : loi 23, Code de Just., *De test.*, VI, 23) ; et il s'appuie sur différentes lois considérant les successions inférieures à ce chiffre comme minimes, et notamment sur la loi Papia Poppœa qui accorde au patron un droit sur la succession de son affranchi, même en concours avec des héritiers siens, à moins que le *de cujus* n'ait laissé plus de deux enfants ou une fortune inférieure à 100.000 sesterces (Gaïus, III, § 42).

Trajan s'occupa des successions pauvres pour déterminer à nouveau quelles successions devaient être dispensées pour ce motif de l'impôt ; il est probable, en raison du caractère général des réformes de Trajan (notamment pour l'exemption des proches parents), que ce prince se montra ici encore plus généreux qu'Auguste, et que l'exemption des successions pauvres fut étendue par lui (Pline, panégyr., 40).

La seconde exemption est relative aux proches parents. Nous avons vu que le taux de l'impôt est invariable, quelque étroit que soit le lien de parenté qui unisse l'héritier au défunt ; le chiffre de l'impôt ne varie point avec la proximité du degré de parenté. Cependant on trouva qu'il serait injuste de frapper les plus proches parents du *de cujus* avec la même rigueur que les étrangers, et on les affranchit complètement de l'impôt des successions. C'est encore Dion Cassius qui nous rapporte cette exemption, celle des proches parents, τῶν πάνυ συγγενῶν, comme résultant de la loi Julia elle-même (Dion Cassius, LV, 25).

On n'est point d'accord sur la portée de cette seconde exemption. C'est ainsi que cette disposition a été restreinte par les uns aux héritiers siens, par d'autres aux agnats. Certains auteurs ont voulu reconnaître, peut-être avec raison, dans ces proches parents dispensés de la *vicesima* les *decem personœ* que le préteur appelait à la succession de l'enfant émancipé avant le *manumissor extraneus* (Institut. de Just., liv. III, tit. IX, § 3). D'autres enfin ont prétendu qu'il s'agissait là des cognats exceptés par la loi Furia (*Vaticana fragm.*, § 301).

L'exemption au profit des proches parents subit un certain nombre de modifications sous les successeurs d'Auguste. A l'origine, elle supposait que le *connubium* avait existé entre le père et la mère à l'époque de la conception, puisqu'il s'agissait d'une parenté reconnue par la loi. Il suit de là que la cognation servile ne pouvait donner lieu à l'exemption dont il s'agit, et que les familles des esclaves affranchis devaient payer la *vicesima* (Institut. de Just., liv. III, tit. VII) ; de même les familles des pérégrins ou des latins devenus citoyens romains, étaient soumises à l'impôt des successions. Il n'y avait dispense au profit de ces *novi cives* que dans le cas où ils avaient obtenu les droits de famille, *jura cognationis*, par privilège spécial (Pline, panégyr., 37).

En ce qui concerne les latins ou pérégrins élevés au droit de cité, Nerva établit une première exception en leur faveur : les enfants succédant à leur mère, et réciproquement les mères succédant à leurs enfants, ne paient plus aucun vingtième, quoique avec le titre de citoyens romains ils n'aient point reçu les droits de famille. Il en fut de même pour le fils succédant à son père, pourvu qu'il fût sous la puissance paternelle, *si modo redactus esset in patris potestatem* (Pline, panégyr., 37) : ainsi, dans ce dernier cas, il est nécessaire que la puissance paternelle ait été accordée au père en même temps que le droit de cité ; mais cela suffit, et on n'exige plus qu'il y ait eu *connubium* entre le père et la mère, qu'il y ait parenté civile entre le père et le fils.

Trajan va plus loin dans la voie ouverte par Nerva, et accorde de nouvelles exemptions aux *novi cives* : le père succédant au fils est dispensé de l'impôt, et le fils succédant au père est également dispensé de l'impôt, sans qu'il soit désormais besoin d'une *redactio in patriam potestatem*. L'exemption est étendue au frère succédant à la sœur et réciproquement, au petit-fils et à la petite-fille succédant à leur aïeul ou aïeule et réciproquement. Désormais, pour les *novi cives*, l'impôt cesse de s'appliquer aux *decem personæ* dont parle les Institutes de Justinien (III, IX, § 3) (1). En

1. Pline, panégyr., 38 et 39.

outre, Trajan étend le bénéfice de ces dispositions nouvelles à ceux qui avaient hérité avant son édit et n'avaient point encore acquitté les droits de mutation (Pline, panégyr., 40).

En présence de cette faveur accordée aux *novi cives*, n'est-il point permis de croire qu'il n'y a là que l'application de ce qui avait lieu entre personnes unies par la parenté civile? Et ne peut-on pas déduire de la réforme de Trajan que l'exemption admise par la loi Julia au profit des proches parents comprenait les *decem personæ*? Cela semble assez naturel.

Les exemptions accordées aux proches parents furent restreintes par les successeurs de Trajan. C'est ainsi qu'un édit d'Adrien rétablit, quant aux *novi cives*, la nécessité de la *redactio in patris potestatem* relativement aux enfants succédant à leur père.

Enfin Caracalla, dans son avidité, supprima toutes les dispenses qui avaient été accordées à raison de la parenté aux *novi cives* : il accorde le droit de cité à tous les habitants de l'Empire, afin de rendre plus productif l'impôt des successions, mais il a soin de leur refuser le *jus cognationis* qu'il se réserve de leur concéder à prix d'argent (*Collatio legum mos. et rom.*, tit. XVI, chap. IX, § 3).

Macrin rétablit la législation antérieure à Caracalla, et remet en vigueur l'exemption des *decem personæ* au profit des *novi cives* (Dion Cassius, LXXXII, 9, et LXXVIII, 12).

Les deux classes d'exemptions relatives à la *vicesima hereditatium*, que nous venons d'examiner, sont certaines en principe, sauf l'obscurité qui règne sur un grand nombre de détails de leur application. Mais, en dehors des successions des pauvres et de celles des proches parents, le droit romain n'a-t-il point admis d'autres exceptions ?

Clamageran, passant en revue les différentes immunités relatives aux impôts indirects, soutient qu'il avait à cet égard au Bas-Empire trois classes de personnes que leur qualité exemptait de l'impôt indirect ; ce sont : 1° les sénateurs ; 2° les vétérans ; 3° les *navicularii* ou armateurs (Code théodosien, loi 8, *de metallis* ; loi 2, *de veteranis* ; loi 24, *de naviculariis*). Cependant il n'ose point affirmer que ces personnes fussent exemptes de l'impôt du vingtième sur les successions et sur les affranchissements ; mais il déclare, au contraire, que l'exemption est certaine en ce qui concerne les douanes, les péages et le centième des ventes (Clamageran, *Histoire de l'impôt en France*, liv. 1, chap. 8).

M. de Valroger fils, examinant la question des exemptions relatives à la *vicesima hereditatium*, n'en admet point d'autres que celles des proches parents et des successions pauvres. Il s'occupe notamment des legs faits aux temples des dieux, *ad pias causas*. Ceux qui prétendent que ces legs doivent être acquittés par l'héritier sans déduction de l'impôt, citent deux inscriptions recueillies à Exija en Espagne. Mais, pour M. de Valroger fils, il s'agit là de deux cas exceptionnels où le legs a été fait expressément *sine ulla deductione* : ce qui prouve qu'en principe l'héritier était autorisé à retenir le vingtième sur les legs, et que par conséquent il avait lui-même à le payer aux fermiers de l'impôt (*Revue critique*, année 1859, tome XIV).

§ 3. — *Répartition de l'impôt entre les héritiers et les légataires.*

Les legs comme les biens dévolus à l'héritier sont sujets à la taxe du vingtième, et chacun des légataires et héritiers est tenu envers les publicains pour le paiement du droit en proportion des biens qu'il recueille. Mais, en outre, l'héritier est tenu au paiement de la *vicesima* pour la totalité de la succession, même pour les biens légués par le *de cujus*, c'est ce que démontrent les différents textes que nous avons cités précédemment et qui supposent que le testateur a obligé son héritier à délivrer les legs *sine ulla deductione*, sans déduction de l'impôt du vingtième. Mais, si l'héritier est tenu de payer les droits de mutation même sur les legs, il est autorisé, si le testament ne contient aucune clause contraire, à retenir la *vicesima legatorum* sur les biens légués, lorsque le légataire se présente pour réclamer la délivrance de son legs.

Ainsi, en principe, et sauf l'obligation envers le fisc, chacun des successeurs est tenu de supporter la *vicesima* en proportion des biens qu'il recueille dans la succession. Il y a donc lieu de répartir l'impôt entre les différents héritiers et légataires ; et, pour opérer cette répartition, il faut estimer les diverses parts héréditaires et autres dispositions testamentaires, et les comparer ensuite les unes avec les autres.

Le seul cas qui pouvait soulever des difficultés, c'était le legs d'usufruit ou d'aliments. Comment faisait-on l'estimation en pareil cas ? Dans un passage de son commentaire *ad legem vicesimam*, Æmilius Macer nous rapporte les règles qui avaient été données à cet égard par Ulpien (Dig., loi 68, *ad legem fulcid.*). Le montant de l'impôt se trouve fixé d'après la durée probable de la vie du légataire, et cette durée est déterminée *a priori* d'après les chiffres que le jurisconsulte nous indique dans le fragment qui vient d'être cité.

Si l'usufruit avait été légué à une personne légale, l'impôt était fixé sur le chiffre maximum de la durée probable de la vie humaine telle qu'elle était fixée par le tableau d'Ulpien, c'est-à-dire sur le pied de trente années de jouissance.

L'usufruitier et le nu propriétaire ne paient ensemble qu'un seul droit de mutation sur le pied de la valeur en pleine propriété du bien qui leur est transmis, et le droit se répartit entre eux conformément aux règles d'Ulpien dont nous venons de parler : cela est assez juste, puisqu'en définitive les avantages de la propriété sont répartis entre deux personnes qui à elles deux ne peuvent en retirer que le profit qu'en retirerait le plein propriétaire.

Quid en cas de réunion de l'usufruit à la nue propriété naturellement, ou par cession ou succession? Si l'usufruit vient à s'éteindre par la mort naturelle ou civile de l'usufruitier, par cession, et, en général, par toute autre cause que par succession, il n'est dû aucun droit de mutation : les mutations à titre onéreux ne donnent lieu, en général, à aucun impôt, et, quant à l'extinction naturelle de l'usufruit, il n'y a là aucune acquisition pour le nu propriétaire dont le droit cesse seulement d'être paralysé par celui de l'usufruitier. Si, au contraire, l'usufruitier vient à succéder au nu propriétaire et acquiert ainsi la pleine propriété de la chose, il est perçu un droit de mutation qui est réglé d'après une estimation de la nue propriété faite conformément au tableau d'Ulpien. Il faut aussi réserver le cas où l'usufruit s'éteint par donation, car nous verrons plus tard qu'un impôt fut établi sur les donations à une certaine époque de l'histoire de Rome.

CHAPITRE III

Sur le mode de recouvrement de la *vicesima hereditatium*, les opinions sont bien divisées : les uns ont prétendu que, pour cet impôt comme pour les autres impôts indirects, le recouvrement en fut confié à des sociétés de publicains, tandis que d'autres soutiennent que l'État percevait lui-même l'impôt des successions.

Nous allons examiner sommairement cette controverse, pour passer ensuite à l'étude des droits et actions qui garantissaient le recouvrement de notre impôt.

§ 1. — *L'impôt des successions était affermé.*

L'impôt du vingtième sur les successions fut affermé, comme les autres impôts indirects, à des sociétés de publicains. Le testament de Dasumius que nous avons déjà cité, après avoir mis la *vicesima* des legs à la charge des héritiers, invite, en effet, ceux-ci à employer tous les moyens possibles pour empêcher les publicains d'inquiéter les légataires, *ita ut eas (vicesimas) aut solvant judiciave suscipiant eo nomine, aut vicensimæ nomine cum publicano, qui id vectigal conductum habebit, aut paciscantur, aut decidant, aut in arbitrum compromittant.* Le système de la ferme pour la *vicesima hereditatium* résulte donc clairement de ce texte : mais cette opinion est encore confirmée par divers passages de Pline-le-Jeune où il est formellement question des publicains (panégyr., 37, 40).

D'ailleurs il existe un certain nombre d'inscriptions où il est question de *magistri* et *promagistri* XX *hereditatium*. Et, comme on le voit dans les œuvres de Cicéron (*Pro Planctio*, 32 ; *ad famil.*, XIII, 9), ces expressions de *magistri* et *promagistri* désignent d'ordinaire les directeurs et sous-directeurs des sociétés de publicains.

Ce qui complique la question que nous examinons, c'est qu'à côté des publicains et de leurs employés nous trouvons de nombreux fonctionnaires impériaux qui avaient à s'occuper de la *vicesima hereditatium*. Les inscriptions nous montrent dans chaque région de l'Italie et dans chaque province un *procurator* XX *hereditatium* : à Rome, nous voyons un *procurator in urbe magister* XX, ce qui semble indiquer qu'il y avait à Rome une caisse centrale pour l'impôt des successions. Au-dessous des *procuratores* se trouvaient des *subprocuratores*, des *tabularii*, *tabelliones*, *adjutores tabulariorum*, *commentarii*, *dispensatores*, *exactores*, *villici*, *arkarii*.

En présence de ces nombreux officiers impériaux que nous trouvons dans les provinces, Rudorff, dans l'explication du testament de Dasumius, a soutenu que, dans les provinces et même en Italie, c'était le fisc qui percevait directement l'impôt des successions au moyen des *procuratores* et de leurs agents subalternes, et que ce fut à Rome seulement que l'impôt fut affermé. On trouve en Italie et dans les provinces des *stationes vicesimæ hereditatium* avec des *dispensatores* et des *exactores* : ce qui, pour Rudorff, indique une hiérarchie de fonctionnaires impériaux qui devaient exclure les publicains ; il ne comprend pas qu'il puisse y avoir concours de publicains et de fonctionnaires impériaux pour le recouvrement de l'impôt des successions. Il invoque aussi un texte du Digeste, la loi 13, *de transact.*, où il est dit que les *procuratores* ne peuvent pas transiger sans le consentement de l'empereur ; ce qui semble prouver que c'étaient les *procuratores* qui étaient en relations directes avec les contribuables pour le paiement de la *vicesima*.

Néanmoins les arguments de Rudorff ne nous paraissent poin concluants. D'abord il est certain qu'à Rome il y avait un *procurator in urbe magister* XX : ce *procurator* se trouvait donc à Rome en concours avec les publicains dont Rudorff admet l'existence dans cette ville ; il n'y a donc rien d'inadmissible à constater l'existence simultanée des publicains et des *procuratores* XX *hereditatium*, et, s'il en était ainsi à Rome, on peut aussi bien admettre que la même organisation existait en Italie et dans les provinces. Quant à la loi 13, *de transact.*, Dig., on peut dire qu'il n'y est question que des rapports entre les publicains et les fonctionnaires impériaux, et que rien n'indique qu'il s'agisse des transactions avec les particuliers.

Au surplus, les textes qui parlent de l'existence des publicains pour la *vicesima hereditatium* et que nous avons cités en tête de ce paragraphe, n'autorisent point à faire la distinction que Rudorff a voulu faire entre Rome et les autres parties de l'Empire : au contraire, ils semblent supposer que c'est là le droit commun de l'Empire, que partout l'impôt des successions est recouvré par des sociétés de publicains.

Mais alors comment expliquer ce concours de publicains et d'officiers impériaux ? Quelles étaient leurs attributions respectives ? Nous admettons avec M. Valroger fils (*Revue critique de législation*, année 1859, tome XIV) que l'impôt était recouvré sur les contribuables par des publicains, et que les *procuratores XX hereditatium* étaient chargés de surveiller les fermiers de l'impôt, de veiller sur les abus qu'ils pouvaient commettre, de recevoir les plaintes des contribuables pour tâcher d'y faire faire droit par les employés des publicains si elles étaient justes, et enfin de recouvrer le prix de leurs baux, d'en recevoir les termes échus. Le *procu-*

rator in urbe magister XX était à la tête de cette hiérarchie administrative, et contrôlait sans doute les actes de tous ces officiers impériaux.

Cependant ce système de la ferme n'a point toujours duré, et nous croyons qu'au IIe ou IIIe siècle, sous Adrien peut-être, il fut remplacé par la perception directe au profit de l'État ; c'est à ce moment seulement que l'on voit apparaître dans les inscriptions les nombreux agents subalternes des *procuratores XX hereditatium*, dont nous avons donné les noms plus haut : *dispensatores, tabularii, villici,* etc. Tous ces employés se rattachaient à une *statio* ou bureau, qui était dirigée par un *procurator* ou *subprocurator* (Mommsen, Staatsrecht, II ; M. Vigié, *Études sur les impôts indirects romains, Revue générale du droit,* année 1881).

Les baux des publicains étaient faits pour trois ans au moins, ordinairement pour cinq ans (Code théod., loi 1, *de vectig. et comm.*; Dig., loi 3, *de jure fisci*). Lorsqu'à l'expiration du bail il ne se présentait point d'adjudicataire, ou que le prix offert était inférieur à celui du bail expiré, la ferme de l'impôt était imposée aux anciens adjudicataires, et ce dans les mêmes conditions, *prioribus pensionibus* (loi 11, § 5, *de publicanis*, Dig.). Un rescrit d'Adrien décidait que, même au cas où l'on ne trouverait pas à affermer l'impôt au même prix, la ferme de l'impôt ne devait pas être imposée aux anciens adjudicataires (loi 3, § 6, *de jure fisci*, Dig.). Mais il est probable que cette sage disposition d'Adrien fut abrogée ou tomba en désuétude : car c'était la tendance de la législation au Bas-Empire d'attacher chacun à sa fonction, à sa profession ou à son industrie, et d'ailleurs le recouvrement des impôts devenait de plus en plus difficile et amenait les princes à prendre des décisions de plus en plus rigoureuses à cet égard.

§ 2. — *Droits et actions des publicains contre les contribuables.*

La *lex vicesima* s'occupait de l'ouverture des testaments. On sait que le testament était déposé entre les mains du magistrat, et que celui-ci convoquait les témoins qui avaient apposé leur cachet sur le testament pour ouvrir les tablettes et les lire en leur présence : après quoi, le testament était revêtu d'un sceau public et déposé dans les archives. D'après la *lex vicesima*, l'ouverture du testament devait avoir lieu immédiatement après la mort du testateur, *statim post mortem testatoris*, afin de ne pas retarder la perception de l'impôt, et Paul nous dit que cette disposition avait été interprétée diversement par les rescrits, les uns fixant un délai de trois jours, les autres un délai de cinq jours (Sentences de Paul, liv. 4, tit. 6).

Ainsi donc le testament devait être ouvert immédiatement après le décès, dans le délai de trois ou de cinq jours ; et c'était en même temps le terme de rigueur pour l'acquit de la *vicesima*. Le Digeste accorde en sus aux absents un délai d'un jour par vingt milles de distance (Dig., loi 154, *de verborum signif.*; loi 2, *si quis caut. in judic. sistit*) (1). En cas de non-paiement à l'échéance, il y avait un intérêt de 12 pour 100, *centesima usura*, qui courait à partir de l'échéance : c'est ce qui fut établi par une constitution de Caracalla pour hâter le paiement de l'impôt des successions (Code de Just., liv. VII, tit. 54, loi 1).

Pour hâter également le paiement de la *vicesima*, Adrien avait rendu un édit aux termes duquel l'héritier qui présentait un testament régulier en la forme et qui le faisait ouvrir conformément à la loi, devait être immédiatement envoyé en possession, alors

1. Dureau de la Malle, liv. 4, chap. 21.

même que le testament serait attaqué comme faux, nul ou rompu
(Code de Just., loi 3, *de edicto divi Had. tollendo ;* Sentences de
Paul, liv. III, tit. 5, § 14). Sans doute l'envoi en possession était
subordonné au paiement préalable de la *vicesima*, et l'héritier
inscrit dans le testament pouvait demander la *missio in possessionem*, alors même qu'on attaquerait le testament comme faux ou
inutile, pourvu qu'il acquittât immédiatement la *vicesima hereditatium :* c'était une façon d'assurer le prompt recouvrement de
l'impôt. Et, pour le même motif, l'envoi en possession devait être
demandé dans l'année (Sentences de Paul, liv. III, tit. 6, § 16) :
faute de quoi, l'héritier inscrit dans le testament ne pouvait plus
recourir qu'à la pétition d'hérédité contre celui qui avait pris possession des biens héréditaires.

Toujours dans le but de précipiter le paiement de la *vicesima*,
Adrien défendit d'interjeter appel contre la *missio in possessionem*, et une amende de 20 livres d'or fut prononcée contre le juge
qui souffrirait l'appel et les parties qui l'interjetteraient (Dig., loi 7,
princip., de appellat. recip. vel non ; Code Théod., liv. XI,
tit. XXXVI, loi 26).

Il est probable que la *missio in possessionem ex Edicto divi
Hadriani* pouvait être demandée aussi bien pour un testament
oral que pour un testament écrit, puisque l'héritier institué pouvait
demander la *bonorum possessio secundum tabulas* aussi bien dans
un cas que dans l'autre (loi 2, *de bonor. possess. secund. tabulas*,
Code de Just.).

Des difficultés pouvaient s'élever entre le contribuable et les
publicains pour savoir si l'on se trouvait dans un cas d'exemption,
par exemple, si la succession était inférieure à 100.000 sesterces.
Il y avait lieu alors à un procès préparatoire, ou, suivant l'expres-
sion romaine, à un *præjudicium quo quæritur an ea res de qua
agitur, major sit centum sestertiis* (Paul, *Recept. sent.*, liv. V,

tit. 9, § 1). Le contribuable, d'après Rudorff, devait, dans ce procès, donner caution, et cette caution était sans doute de la valeur du droit prétendu.

Pour éviter des difficultés avec les fermiers de l'impôt, on essayait souvent d'entrer avec eux en accommodant de transiger : le testament de Dasumius, dont nous avons déjà parlé, fait mention d'accord amiable, de transaction, de compromis, *ita ut vicesimæ nomine cum publicano aut paciscantur, aut decidant, aut in arbitrum compromittant.* »

Quelle était l'action des publicains pour le recouvrement de l'impôt ? D'après M. de Valroger fils, ce n'est point une *condictio ex lege*, mais une action *fictitia* imitée d'une ancienne action de la loi qui avait, sans doute, cessé d'exister lors de l'établissement de la *lex vicesima hereditatium*, à savoir la *pignoris capio* (Gaïus, IV, § 32) : ce qui suppose un droit de gage tacite sur les biens du redevable.

Les publicains abusaient souvent des moyens de coercition que la loi leur attribuait, pour exiger une somme supérieure à celle que le contribuable devait en réalité : leur avidité n'avait point de bornes, et ils exploitaient impitoyablement les provinces dont l'impôt leur avait été affermé. Les empereurs cherchèrent à réprimer ces abus comme l'atteste la loi 4, livre IV, titre 62, au Code de Justinien ; ils allèrent même jusqu'à menacer d'un exil perpétuel et peut-être de mort les publicains trop avides : mais tout fut inutile, et les abus continuèrent à signaler l'administration des publicains.

§ 3. — *Droits de l'État contre les publicains.*

L'État avait certaines garanties contre les publicains qui affermaient les impôts. C'est ainsi que tous les biens présents et futurs des publicains lui étaient tacitement engagés : il avait un droit de gage tacite, d'hypothèque tacite sur leur patrimoine. La loi Julia *de vicesima* contenait, à cet égard, une disposition spéciale : « *Bona eorum qui cum fisco contrahunt, lege vicesimaria velut pignoris jure fisco obligantur, non solum ea quæ habent, sed ea quoque quæ postea habituri sunt* » *(Corpus juris antejustinianei* de Bonn, fragm. 5, *de jure fisci)*. C'est d'ailleurs l'application du droit commun ; le fisc a toujours un privilège et une hypothèque tacite sur les biens de ses administrateurs et sur les biens des contribuables (Dig., loi 46, § 3, *de jure fisci* ; Code de Just., loi 1, VIII, XV, et loi 5, IV, LXII).

La loi Julia imposait, en outre, aux publicains l'obligation de fournir des cautions qui étaient tenues comme eux sur tous leurs biens. Et même la loi Cornelia qui limitait la faculté de se porter caution, n'était pas applicable dans notre cas en vertu d'une disposition formelle de la loi Julia : « *Lege vicesima hereditatium cavetur*, dit Gaïus (III, § 125), *ut ad eas satisdationes quæ ex ea lege proponuntur, lex Cornelia non pertineat.* »

Nota. — Les rapports des publicains avec l'État et avec les contribuables, leurs droits et leurs obligations, les conditions de leurs baux et la forme des adjudications ont fait l'objet de nombreux rescrits impériaux. Il y a, du reste, au Code théodosien et dans les compilations de Justinien de nombreuses dispositions relatives aux publicains : tels sont, au Digeste, les titres *de jure fisci, de publicanis et vectigalibus*, et, au Code de Justinien, les titres *de vectigalibus et commissis, de jure fisci*, etc.

Au surplus, il ne paraît pas qu'il y ait eu des tribunaux spéciaux en matière d'impôts : les procès relatifs aux impôts sont soumis à la juridiction ordinaire, soit que l'impôt ait été affermé à des sociétés de publicains, soit qu'il soit perçu directement par l'État.

TITRE II

A côté de la *vicesima hereditatium* vient se placer naturellement l'impôt des donations qui ne fut dans la législation romaine qu'un développement de l'impôt des successions : aussi avons-nous peu de choses à dire sur ce nouvel impôt en raison des explications que nous avons données dans le titre précédent.

CHAPITRE PREMIER

ORIGINE DE L'IMPOT DES DONATIONS. SON TARIF. SA SUPPRESSION.

A quelle époque l'impôt des donations vint-il prendre place dans les institutions financières de Rome ? Cette question comporte une distinction.

En ce qui concerne les donations à cause de mort, il est probable que l'impôt leur fut appliqué dès le moment où la *vicesima hereditatium* fut établie par la loi Julia, en l'an 759 de Rome : c'est ce que nous avons déjà vu dans le titre Ier, à propos de l'assiette de la *vicesima hereditatium* ; car les donations à cause de mort ont été presque toujours assimilées aux legs par les lois romaines.

Mais, pour les donations entre-vifs, l'impôt n'apparaît dans la législation romaine que beaucoup plus tard : c'est une création de

Caracalla, que ses folles dépenses et son insatiable besoin de plaisirs et de luxe forçaient à exagérer les impositions existantes et à créer de nouvelles ressources par l'établissement d'impôts nouveaux. Dion Cassius (LXXVII, 9) nous rapporte que Caracalla, pour rendre la *vicesima hereditatium* plus productive, l'étendit à toutes les donations en général, ὑπὲρ δωρεᾶς πάσης.

Quant au tarif de l'impôt des donations, ce fut celui de la *vicesima hereditatium*, c'est-à-dire une taxe de 5 pour 100 jusqu'à Caracalla : ce dernier la porta à 10 pour 100, mais son successeur Macrin la ramena à son taux primitif, celui de 5 pour 100.

En ce qui concerne sa durée, l'impôt des donations suivit probablement le sort de la *vicesima hereditatium* dont il n'était que l'extension, et disparut avec elle. Sous Justinien, il n'est plus question ni de la *vicesima hereditatium* ni de l'impôt des donations.

CHAPITRE II

ASSIETTE DE L'IMPOT DES DONATIONS. — EXEMPTIONS.

L'impôt des donations frappe les donations entre-vifs comme les donations à cause de mort à partir du règne de Caracalla ; il frappe les donations de meubles comme les donations d'immeubles ou de choses incorporelles. Toutes les donations sans exception sont assujetties à l'impôt du vingtième, comme le dit Dion Cassius dans le passage cité plus haut, pourvu, bien entendu, que le fisc puisse saisir la libéralité, qu'il y ait quelque fait qui lui révèle la donation : c'est ainsi que les dons manuels échappent sans doute le plus souvent à la *vicesima*.

La *vicesima* était assise sur la valeur des biens donnés : mais y avait-il des déductions à faire ? Il est probable que, de même que l'on déduisait pour les successions les dettes et les frais funéraires, de même il fallait tenir compte des charges imposées au donataire pour les déduire de la valeur sur laquelle on percevait la *vicesima*.

En ce qui concerne les donations d'usufruit ou d'aliments, nous n'avons qu'à renvoyer au tableau qu'Ulpien avait dressé à cet égard (Dig., loi 68, *ad legem falcidiam*).

Comment déterminait-on la valeur des biens donnés au point de vue de l'impôt ? Sans doute, le donataire avait une déclaration à faire aux publicains, et ceux-ci avaient le droit de contrôler l'estimation du donataire. Mais, en cas de difficultés, d'après quelles bases procédait-on à l'estimation, quelles étaient les formes de l'expertise, quelle était, en un mot, la procédure ? C'est ce que nous ignorons.

L'impôt des donations, image de la *vicesima hereditatium*, ne s'appliquait qu'aux citoyens romains ; et c'est ce qui explique pourquoi Caracalla eut l'idée de faire don de la qualité de citoyen romain à tous les habitants de l'Empire, ainsi que l'expose Dion Cassius (LXXVII, 9).

Y avait-il pour l'impôt des donations des exemptions analogues à celles qui existaient pour les successions ? Pour ce qui est de l'exemption des successions pauvres, il est probable qu'il n'y eut rien de semblable pour les donations : car les situations ne sont pas identiques, et si d'ailleurs on avait admis que les donations inférieures à un certain taux ne payaient pas l'impôt, les parties auraient eu beau jeu pour tromper le fisc en scindant leurs libéralités. Au surplus, Dion Cassius nous dit que toutes les donations en général sont soumises à l'impôt, ce qui semble bien ne pas admettre d'exception. Toutefois nous croyons que la seconde exemption, celle des proches parents, s'appliquait aux donations comme aux legs ; les raisons sont les mêmes dans un cas comme dans l'autre, et il n'y a pas lieu de refuser au donataire le bénéfice de cette dispense. Du reste, cette seconde exemption a dû suivre pour les donations le sort qu'elle avait eu pour la *vicesima hereditatium*, et subir les mêmes fluctuations.

CHAPITRE III

L'impôt des donations était affermé concurremment avec la *vicesima hereditatium*, et ne formait avec elle qu'une même taxe dont le recouvrement était opéré par les mêmes agents ; d'un côté les publicains, de l'autre les *procuratores* XX *hereditatium* et leurs agents subalternes. Plus tard, au IIᵉ ou IIIᵉ siècle, la perception en est faite directement au profit de l'État.

A quel moment l'impôt des donations devait-il être payé ? Il faut, à cet égard, distinguer entre les donations entre-vifs et les donations à cause de mort.

Pour les donations entre-vifs, comme le donateur se dépouille actuellement et irrévocablement, il est probable que le droit de mutation était perçu de suite, sur la déclaration que le donataire devait en faire dans les délais de la *vicesima hereditatium*, c'est-à-dire dans les cinq jours de la donation.

Le recouvrement de l'impôt sur les donations entre-vifs fut facilité par l'établissement de l'insinuation dont l'origine remonte sans doute à Constance Chlore (loi 1, Code Théod., de *sponsalibus*): les donations entre-vifs devaient être insinuées *apud acta* lorsqu'elles dépassaient 500 solides (du moins sous Justinien), à peine de nullité pour tout ce qui excéderait les 500 solides. La donation n'était insinuée *actis intervenientibus*, c'est-à-dire mentionnée sur les registres tenus par le juge, que si le droit de mutation avait été préalablement acquitté.

Quid en cas de donation conditionnelle? percevait-on le droit immédiatement, sauf restitution? On ne saurait le dire. De même nous ignorons si le droit de mutation était restituable en cas de révocation de la donation pour cause d'ingratitude ou de survenance d'enfant.

Pour les donations *mortis causa*, lesqu'elles étaient subordonnées à la survie du donataire, et, en outre, révocables *ad nutum*, au gré du donateur, comme celui-ci ne se trouvait nullement engagé par la donation qu'il avait faite, il est fort probable que le droit de mutation n'était perçu que lors de l'ouverture de la succession du donateur : et ce qui confirme cette opinion, c'est que ces donations sont assimilées presque toujours aux legs dans la législation romaine, ainsi que nous l'avons déjà vu : « *ad exemplum legatorum redactœ sunt per omnia* », dit Justinien (Instit., § 1, *de donat.*).

L'action des publicains contre les contribuables était sans doute, comme pour la *vicesima hereditatium*, une action fictice donnée à l'image de l'ancienne *pignoris capio*. Au surplus, on pouvait transiger avec les publicains pour la fixation du droit de mutation et prendre avec eux les arrangements auxquels ceux-ci voulaient bien consentir.

Quant aux droits de l'État contre les publicains, ce sont ceux que nous avons déjà exposés à propos de la *vicesima hereditatium*.

TITRE III

VECTIGAL RERUM VENALIUM

Le *vectigal rerum venalium* fut établi par Auguste après les guerres civiles (Tacite, ann., I, 78). D'après Suétone, cet impôt remontait à une époque beaucoup plus reculée, mais il était depuis longtemps tombé en désuétude.

Cet impôt porta à l'origine le nom de *centesima rerum venalium*, parce qu'il était du centième de la valeur des marchandises vendues. Il excita d'ailleurs sous tous les princes les clameurs de la plèbe, parce qu'il frappait surtout les denrées, *edulia* (Pline, panégyr., XIX) : aussi Pline-le-Jeune l'appelle-t-il l'impôt des pauvres, *pensio ea pauperum*.

Après la réunion de la Cappadoce à l'Empire, en l'an 770 de Rome, Tibère réduisit cette taxe de moitié, et elle ne fut plus alors qu'un droit de 0.50 pour 100 (Tacite, ann., I, 78, et II, 42); mais, en 784, il la rétablit à son ancien taux de 1 pour 100 (Dion, LVIII, 16).

Caligula exagéra sans doute le taux de cet impôt.

Cet impôt était encore connu sous les noms de *macellum* et d'*ansarium*. Au Bas-Empire, il portait le nom de *proponenda*, parce qu'il grevait les marchandises étalées en public pour la vente.

Valentinien III généralisa l'impôt dont il s'agit, et l'éleva jusqu'au 1/24 de la valeur des choses vendues : désormais il prit en conséquence le nom de *siliquaticum*.

L'impôt sur les ventes existait encore au temps de Justinien ; car

il est mentionné au Digeste (loi 17, *de verb. signif.*), et, de plus,
le Code en accorde l'exemption à deux classes de personnes, les
vétérans et certains employés des bureaux de l'administration centrale (loi 1, *de veteranis* : loi 4, *de prox. sacr. scrin.*) : voyez
M. de Serrigny, *droit pub. et adm. rom.*, nº 861.

§ 1. — *Assiette de l'impôt des ventes.*

La *centesima rerum venalium* se percevait soit sur les denrées
vendues au marché, soit sur les objets adjugés publiquement à la
criée ou aux enchères.

L'impôt sur les denrées frappait les objets de consommation,
edulia, qui se vendaient sur les marchés de Rome : car la taxe
du centième ne frappait que la capitale.

Cette taxe qui avait été abaissée au 1/200 par Tibère, puis ra-
menée par le même empereur à son taux primitif, fut étendue par
Caligula à toutes les ventes de denrées faites dans l'intérieur de
Rome : jusque-là, la *centesima* n'avait frappé que les ventes d'objets de consommation faites dans les marchés ou dans les foires de
Rome, mais Caligula étendit cet impôt même aux ventes faites de
gré à gré en-dehors du marché, dans l'intérieur de Rome ; c'est ce
que Suétone nous rapporte en ces termes : « *Pro eduliis, quœ tota
urbe venirent, certum statumque exigebatur* » (Suét., Calig., 40).
Mais il est probable qu'après Caligula on revint à l'ancien système,
et que l'impôt ne frappa que les denrées ou marchandises vendues
dans les marchés ou dans les foires, *promercales*, les ventes
de ces objets faites ailleurs de gré à gré étant exemptes de l'impôt :
car Suétone, dans le passage plus haut cité, présente l'innovation
de Caligula comme quelque chose d'inouï et de passager, *nova
atque inaudita vectigalia.*

La taxe du centième sur les ventes de denrées faites dans les marchés, ne s'appliquait qu'à la capitale et ne frappait que les ventes faites dans les marchés de Rome. « C'était, dit M. Dureau de la Malle, un véritable octroi, mal combiné, très vexatoire et sujet à mille fraudes, puisqu'il se percevait dans l'intérieur et non aux portes de la ville » (*Economie polit. des Romains*, liv. 4, chap 20).

Mais la *centesima rerum venalium* s'appliquait aussi aux ventes publiques de meubles à la criée ou aux enchères, *sub hasta* : et, sous ce rapport, la *centesima* ne paraît pas avoir été limitée à Rome, mais il semble qu'elle frappait les ventes publiques, *auctiones*, faites dans tout l'Empire romain. C'est ce que suppose un passage de Suétone (Calig., 16), où il est dit que Caligula exempta l'Italie du centième sur les ventes publiques : « *centesimam auctionum Italiæ remisit.* » Cette exemption est aussi indiquée par Dion Cassius (LIX, 9).

Ainsi donc la *centesima rerum venalium* a une double assiette : d'une part, elle frappe les ventes de denrées faites dans les marchés (et alors son application est restreinte à Rome), et, d'autre part, elle atteint toutes les ventes publiques de meubles faites dans tout l'Empire romain, sauf la remise que Caligula en fit à l'Italie.

L'impôt était du centième de la valeur des objets vendus : cette taxe de 1 pour 100 était sans doute perçue, pour les ventes publiques, d'après le prix fixé par les enchères, et, pour les autres ventes, d'après le prix fixé à l'amiable entre les parties, sauf le droit de contrôle des agents des publicains en cas de fraude et de dissimulation du prix.

Sous Valentinien III, nous voyons tout à coup cet impôt s'élever au 1/24 de la valeur des marchandises et s'étendre à toutes les ventes faites dans tout l'Empire romain : « Dans les derniers temps de son Empire, dit M. Baudi di Vesme (§ 59) (1), Valenti-

---

1. De Vesme. *Mémoires manuscrits* envoyés au concours du prix proposé en

nien III, gêné par des guerres continuelles et par la pénurie de
l'ærarium, établit l'impôt du vingt-quatrième sur les choses vé-
nales (vectigal rerum venalium), ordonnant qu'en toute vente
le vendeur eût à payer un demi-silique ou un quarante-huitième de
la valeur de l'objet, et que l'acheteur payât également de son côté
un autre demi-silique ou un quarante-huitième. Du nom de si-
lique l'impôt se nommait siliquaticum. Cassiodore qui fait souvent
mention de cet impôt, nous fait aussi connaître que cette contribution dura jusqu'aux derniers temps de l'Empire, et qu'elle était
encore en vigueur en Italie sous la domination des Ostrogoths. »

Le siliquaticum n'était pas perçu dans les foires, nundinæ, qui
avaient lieu à certaines époques de l'année, dans certains lieux favoris, et qui attiraient un grand concours de marchands (Code
de Just., de nundinis ; Cujas, t. X, col. 1034 ; Clamageran, liv.
1, chap. 8).

Rappelons ici que les sénateurs, les vétérans et les navicularii
étaient exempts de l'impôt sur les ventes, ainsi que certains employés des bureaux de l'administration centrale (Code théod., loi 8,
de metallis ; loi 2, de veteranis ; loi 24, de naviculariis ; Code
de Just., loi 1, de veteranis ; loi 4, de prox. sacr. scrin. ; Clamageran, liv. 1, chap. 8).

§ 2. — Recouvrement de l'impôt des ventes.

Le recouvrement de cet impôt était confié aux publicains qui
l'avaient affermé : car, comme les autres impôts indirects, l'impôt
des ventes était perçu par des publicains, et l'État ne recevait que
le prix de la ferme de l'impôt. En effet, nous ne trouvons point de
procuratores centesimæ rerum venalium ni d'autres officiers im-

1835 par l'Académie des Inscriptions et Belles-Lettres. Traduction de M. Laboulaye (Revue historique, année 1861).

périaux qui fussent chargés de la perception de l'impôt sur les ventes. Au contraire, le règlement de Marc-Aurèle, qui est cité ci-dessous, fait mention de fermiers de l'impôt, *mancipes* : ce qui nous indique que l'impôt était affermé.

Le bail de l'impôt était fait pour cinq ans, et si, à l'expiration du bail, les offres étaient inférieures au prix du bail expiré, la ferme de l'impôt était imposée aux précédents adjudicataires dans les mêmes conditions que celles du bail expiré, ainsi que nous l'avons expliqué précédemment.

Peut-être, comme par les douanes, y avait-il au profit des fermiers du *vectigal rerum venalium* un droit de confiscation sur les marchandises dont la vente n'avait pas été déclarée, un droit de commise analogue à celui que mentionne la loi 16, *de publicanis*, au Digeste. Peut-être y avait-il des amendes ou d'autres peines pour garantir les droits des publicains et assurer le recouvrement de l'impôt. En tous cas, nous n'avons qu'un renseignement certain sur la matière : c'est une inscription (Orelli, *select. inscript.*, n° 3347), contenant un règlement de Marc-Aurèle qui prononce sur les contestations entre les marchands et les agents des publicains au sujet de la quotité de l'impôt à percevoir sur les ventes de denrées dans les marchés. Voici cette inscription :

« *M. Aurelius...... et Commodus...... hos lapides constitui jusserunt, propter controversias quæ inter mercatores et mancipes ortæ erant, uti finem demonstrarent vectigali fori cullearii et ansarii promercalium, secundum veterem legem, semel dumtaxat exigendo.* »

Ainsi donc Marc-Aurèle enjoint de percevoir l'impôt d'après le taux qui lui avait été assigné par l'ancienne loi, c'est-à-dire sur le pied du centième.

Remarquons que les mots *cullearium* et *ansarium* qu'emploie cette inscription désignent tous deux l'impôt de la *centesima rerum venalium*.

Les publicains à qui l'impôt était affermé devaient fournir des cautions : « *locatio vectigalium ita demum admittenda est, si fidejussores idoneos, et cautionem is, qui licitatione vicerit, offerre paratus sit* » (loi 9, *princip.*, *de publicanis*, Dig.).

En cas de non-paiement du prix de leur bail à l'échéance, l'État pouvait poursuivre les fermiers de l'impôt, même avant la fin du bail, ou exiger d'eux des intérêts à partir de la mise en demeure (loi 10, § 1, *de publicanis*, Dig.).

En outre, le fisc avait un privilège et une hypothèque tacite sur tous les biens des fermiers de l'impôt (loi 46, § 3, *de jure fisci*, Dig. ; loi 5, liv. IV, tit. 62, Code de Just.).

TITRE IV

IMPOT SUR LES VENTES D'ESCLAVES

Les esclaves constituaient une marchandise d'une certaine valeur, c'était une *res venalis*. Aussi la législation romaine qui frappait les ventes de denrées et de marchandises, avait-elle aussi imposé les ventes d'esclaves. L'impôt sur les ventes d'esclaves n'est qu'une variété du *vectigal rerum venalium*, mais son taux est différent.

Les esclaves étaient l'objet d'un autre impôt qu'il ne faut pas confondre avec celui que nous allons étudier : c'est l'impôt sur les affranchissements, qui frappait seulement les manumissions qui avec la liberté conféraient le titre de citoyen romain. Cet impôt fut, comme l'impôt sur les ventes d'esclaves, établi en l'an 398 de Rome : il était du vingtième de la valeur vénale de l'esclave affranchi, et était payé par ce dernier, à moins que le maître dans sa générosité ne consentît à le prendre à sa charge (*gratuita libertas*). A l'origine, cet impôt forma la source d'un fonds de réserve qui n'était employé que dans les besoins pressants de l'État : mais, sous l'Empire, il devint un revenu ordinaire du trésor public.

L'impôt sur les affranchissements, ou *vicesima libertatum* (1), ne constitue point un droit de mutation, puisqu'il y a là l'anéantissement d'une valeur patrimoniale : l'esclave cesse d'exister, et un homme libre naît au milieu de la société. Aussi ne nous occuperons-nous que de l'impôt sur les ventes d'esclaves.

1. Voyez sur la *vicesima libertatum* un mémoire de M. Vigié, couronné par l'Académie des Inscriptions et Belles-Lettres. *Revue générale du droit*, année 1881 : Études sur les impôts indirects romains.

L'impôt sur la vente des esclaves fut comme la *vicesima liber-
talum* établi en l'an 398 de Rome : c'est du moins ce que prétend
M. Dureau de la Malle.

« L'an 398, dit Tite-Live (VII, 16), Cnœus Manlius, qui était
à Sutrium, ayant convoqué. ses soldats par tribus, porta une loi
dans le camp, ce qui était sans exemple. Cette loi avait pour objet
d'établir au profit du trésor public un impôt du vingtième sur la
valeur de tous les esclaves qui seraient désormais affranchis. Comme
le trésor n'était pas riche et que le produit du nouvel impôt devait être assez considérable, le sénat en ratifia l'établissement. »

M. Dureau de la Malle (*Econ. polit. des Rom.*, liv. 4, chap.
21) voit dans cette loi l'origine d'un impôt du vingtième qui
frappait à la fois les affranchissements et les ventes d'esclaves. Cet
impôt existait encore en l'année 543 (Tite-Live, XXVII, 10), et
même en l'année 693 d'après le même auteur. Tite-Live nous fait
même connaître le produit de cette *vicesima* pour la période de
398 à 543 : le produit de cet impôt formait la source d'un fonds
de réserve auquel on ne touchait qu'en cas de besoins pressants de
l'État, c'est l'*aurum vicesimarium* ; il y avait en 543 quatre
mille livres d'or qui, d'après M. Dureau de la Malle, étaient le produit de l'impôt depuis son établissement : « *Cœtera expedientibus,
quœ ad bellum opus erant, consulibus*, dit Tite-Live (XXVII,
10), *aurum vicesimarium, quod in sanctiore œrario ad ulli-
mos casus servabatur, promi placuit ; prompta ad quatuor
millia pondo auri.* »

L'impôt sur les affranchissements et les ventes d'esclaves existait encore en 693 ; mais il paraît évident qu'il fut supprimé dans
l'intervalle de temps écoulé entre 693 et 760 (Just.-Lipse, *ad
Tacit. annal..* XIII, 31 ; *De magnit. Rom.*, II, 4) : tel est
l'avis de M. Dureau de la Malle. En effet, Dion nous rapporte
qu'Auguste, pressé d'argent pour les besoins de la guerre et pour

l'entretien des gardes de la ville, institua un impôt sur la vente des esclaves, τὸ τέλος τὸ τῆς πεντηχοστῆς ἐπί τῇ τῶν ανδραποδῶν πρασει ἐσήγαγε (Dion, LV, 31).

Ainsi l'impôt sur les ventes d'esclaves fut rétabli par Auguste en 760, mais son taux avait été abaissé du vingtième au cinquantième. Cette taxe subit de nombreuses variations. Elle ne fut pas abolie par Caligula, comme on l'a soutenu : « Peut-on croire, s'écrie M. Dureau de la Malle (*Écon. polit. des Rom.*, liv. 4, chap. 21), que le prodigue Caïus qui, dit Suétone (1), toujours affamé d'argent, inventa des taxes diverses, nouvelles et inouïes, se fût privé, dans un besoin urgent, d'un impôt lucratif et facile à recouvrer ? »

A l'époque de Néron, le chiffre de l'impôt sur les ventes d'esclaves est doublé et s'élève jusqu'au vingt-cinquième du prix. Par une générosité apparente, cet empereur fit semblant de remettre l'impôt sur les ventes d'esclaves, en le faisant payer au vendeur ; mais, comme Tacite nous le fait remarquer ironiquement, le vendeur s'en indemnisa sur l'achèteur, en sorte que ce dernier continua de supporter l'impôt en réalité : « *Vectigal quoque quintæ et vicesimæ remissum, specie magis quam re ; quia cum venditor pendere juberetur, in partem pretii emptoribus adcrescebat* » (Tacite, *Ann.*, XIII, 31).

On a soutenu que Galba était revenu à la taxe du cinquantième, parce qu'on trouve des monnaies de Galba qui portent R.XXXX, ou *remissa quadragesima*. Il s'agit là d'une tout autre taxe, de la taxe du quarantième sur les procès et les jugements, dont parle Suétone (Caligula, 40) : voyez M. Dureau de la Malle (liv. 4, chap. 21).

Jusqu'à quel moment l'impôt sur la vente des esclaves dura-t-il ?

---

1. Suétone, Calig., 40.

Les textes ne nous renseignent pas à cet égard, cependant il est probable qu'il subsistait encore au temps de Justinien, parce que le *vectigal rerum venalium* était encore en vigueur à cette époque, et que l'impôt sur les ventes d'esclaves n'étant qu'une variété de l'autre impôt, avait dû suivre son sort et se maintenir avec lui, sauf peut-être à être absorbé par lui dans le dernier état du droit (De Serrigny, *Droit publ. et adm. rom.*, n° 861).

Quelle était l'assiette de cet impôt ? Il frappait toutes les ventes d'esclaves, publiques ou à l'amiable ; car les textes ne distinguent point. L'impôt se déterminait d'après le prix de vente déclaré par les parties, sauf le droit de contrôle des agents chargés de la perception. L'esclave étant une *res mancipi*, il fallait employer des formalités particulières pour en transférer la propriété : *mancipatio*, *in jure cessio*, etc., et c'est à ce moment sans doute que le droit devait être payé ; en outre, la nécessité de ces solennités facilitait la perception de l'impôt en faisant connaître les aliénations.

L'impôt sur les ventes d'esclaves fut-il, comme le *vectigal rerum venalium* (du moins à son origine), restreint à la capitale, ou fut-il étendu à tout l'Empire romain ? Nulle part, nous ne trouvons de semblable restriction, et il est probable qu'il s'étendait à tout l'Empire.

Quel en fut le mode de recouvrement ? A l'origine, il semble que l'impôt ne fut pas affermé : c'était la source d'un fonds de réserve pour les cas urgents. D'ailleurs, dans la première période de cet impôt, le système de la ferme n'était guère connu à Rome et ne semble avoir été employé que pour les tributs que les provinces devaient payer.

Mais, lorsque les empereurs eurent unifié le système financier de l'Empire, et que les différences entre les provinces consacrées par les *formæ provinciarum* eurent disparu pour faire place à un système uniforme d'impôts, il est probable que le mode de recouvrement appliqué aux autres impôts indirects, douanes, péages, impôt des successions et des donations, impôt sur les ventes de marchandises, etc., fut également appliqué à l'impôt sur les ventes d'esclaves, et que son produit fut affermé à des sociétés de publicains.

Quant à ces sociétés de publicains et aux droits de l'État contre elles nous avons déjà donné des renseignements dans les titres précédents : ces renseignements s'appliquent ici aussi bien qu'aux autres impôts dont nous avons déjà parlé.

Observons enfin qu'il y avait peut-être, pour l'impôt sur les ventes d'esclaves un droit de commise au profit des publicains en cas de fraude, comme nous l'avons supposé pour le *vectigal rerum venalium*. Sans doute aussi, l'intérêt à 12 pour 100, la *centesima usura*, dont nous avons parlé à propos de la *vicesima hereditatium*, courait de plein droit au profit des publicains en cas de non-paiement de l'impôt sur les ventes dans les délais légaux : et cette observation s'applique d'ailleurs également au *vectigal rerum vectigalium*.

BIBLIOGRAPHIE

Spanheim. *Orbis romanus.* Londres. 1703.

Jacques Godefroy. *Codex theodosianus.* Leipsig, 1736-1745.

Burmann. *Vectigalia populi romani.* Leyde. 1734.

Beaudoin. Commentaire de la loi Julia *de vicesima,* inséré dans la *Jurisprudentia Romana et Attica* publiée par Heineccius à Leyde en 1738-1741.

Bouchaud. *De l'impôt du vingtième sur les successions.* Paris. 1766.

Bachofen. *Ausgewœhlte Lehren des römischen Civilsrechts.* Bonn. 1848.

M. de Valroger fils. *Impôt des successions à Rome. Revue critique de législation,* année 1859, tome XIV.

M. Dureau de la Malle. *Économie politique des Romains.* Paris. 1840.

M. de Serrigny. *Droit public et administratif romain.* Paris. 1862.

M. Bouchard. *Administration des finances de l'Empire romain.* Paris. 1871.

M. Clamageran. *Histoire de l'impôt en France.* Paris. 1868-1876.

M. Baudi di Vesme. *Des impositions de la Gaule dans les derniers temps de l'Empire romain.* Mémoire manuscrit envoyé au concours du prix proposé en 1835 par l'Académie des Inscriptions et Belles-Lettres : traduit par M. Laboulaye et publié en 1840 dans la *Revue bretonne de droit et de jurisprudence,* et en 1861 dans la *Revue historique de droit français et étranger.*

M. Guadet. Mémoire manuscrit envoyé au même concours. Publié par extrait dans la *Revue universelle*.

M. Henri Naquet. *Des impôts indirects romains*. Thèse de doctorat. Paris. 1875.

Dictionnaire des antiquités grecques et romaines de Daremberg et Saglio. Paris. 1873-1880 (*en cours de publication*).

M. Vigié. *Études sur les impôts indirects romains*. Mémoire manuscrit envoyé au concours du prix proposé pour l'année 1880 par l'Académie des Inscriptions et Belles-Lettres. Publié par extrait dans la *Revue générale du droit* de 1881.

M. Cagnat. Mémoire manuscrit envoyé au même concours : *Études sur les impôts indirects romains*.

Real-Encyclopadie de Pauly.

Marquardt et Mommsen. *Handbuch des römischen Rechts*. 1875.

Otto Hirschfeld. *Untersuchungen auf dem Gebiete der Römischen Verwaltungsgeschichte*. 1876. Berlin.

P. Willems. *Le droit public romain*, Louvain. 1880.

Roulez. *De l'impôt d'Auguste sur les successions* (Bulletin de l'Académie de Belgique, XVI, 3).

M. Laboulaye. Étude sur le travail de Rudorff, *Testament de Dasumius*. Revue de législation et de jurisprudence, année 1845, tome II.

DEUXIÈME PARTIE

Des droits de mutation sous l'ancienne monarchie française.

Pressé au nord sur le Rhin et sur le Danube par les nombreuses tribus des Germains, des Slaves ou Sarmates et des Tartares ou Scythes, et au sud par les Vandales qui viennent d'envahir l'Afrique, l'Empire d'Occident s'écroule sous l'invasion des Barbares, et sur ses ruines s'élèvent de nombreux royaumes fondés par les chefs des tribus envahissantes.

Notre pays, d'abord divisé entre les Francs, les Bretons, les Burgondes et les Visigoths, tombe peu à peu sous la domination des rois francs, et Clovis fonde la monarchie française dont ses successeurs vont peu à peu étendre les limites.

On comprend qu'au milieu du bouleversement de l'invasion des barbares, le régime financier de Rome avait sombré complètement dans notre pays. D'ailleurs les Francs ne connaissaient que la contribution volontaire, les subsides par eux votés en cas de nécessité : ils étaient réfractaires à toute espèce d'impôts. La féodalité qui se constitua ensuite dans notre pays acheva de faire disparaître les dernières traces des impositions romaines qui avaient pu subsister jusque-là, et pendant longtemps les rois de France n'eurent d'autres ressources que le domaine royal trop souvent épuisé par des libéralités imprudentes.

Ce n'est qu'au xiii° siècle que l'on voit apparaître les premiers impôts : mais ce n'est qu'au xv° siècle, sous Charles VII, que les États-Généraux vont établir la première taille permanente, laquelle est destinée à l'entretien d'une armée royale permanente. Le système financier se développe alors peu à peu : les impôts directs vont comprendre la taille, la capitation et les vingtièmes ; les impôts indirects qui les premiers furent rendus permanents, vont comprendre la gabelle, les aides, les traites foraines, et plus tard les droits domaniaux, tels que le droit d'aubaine, les droits d'abrègement de fief et de franc-fief, les droits d'amortissement et de régale, et les droits de contrôle, de formule, d'insinuation et de centième denier.

Au milieu de tous ces impôts, quels étaient les droits de mutation établis par le régime financier de la monarchie française ? Ils sont de deux sortes : les uns dérivent de la féodalité, les autres ont été établis par les édits royaux ; les uns comme les autres sont d'ailleurs rangés parmi les droits domaniaux, lorsque du moins ils sont perçus au profit du roi.

Les droits de mutation dont l'origine se rattache à la féodalité, sont les profits seigneuriaux perçus sur les mutations de fiefs ou de censives. Le roi les perçoit, non pas en sa qualité de chef de l'État, mais comme seigneur féodal.

Quant aux droits de mutation établis par les ordonnances royales, ce sont, en réalité, les seuls droits de mutation qui puissent être regardés comme de véritables impôts, puisque ceux de la première catégorie ne sont perçus par le roi que comme seigneur, et que les autres seigneurs perçoivent les mêmes droits dans leurs seigneuries. La seconde catégorie de droits de mutation comprend les droits d'insinuation et de centième denier et les quatre deniers pour livre des ventes de meubles.

TITRE Ier

DROITS SEIGNEURIAUX DE MUTATION.

Les droits de mutation que la féodalité a créés sont les profits de quint et de relief sur les fiefs et le profit de lods et vente sur les censives.

Il est bien d'autres droits féodaux qu'à un certain point de vue on pourrait faire rentrer parmi les droits de mutation, et que le roi percevait comme chef de la féodalité, comme *souverain fieffeux* : tel est le droit d'abrègement de fief qui était perçu lorsque le seigneur abrégeait son fief, c'est-à-dire lorsqu'il en aliénait une partie à titre allodial ou lorsqu'il renonçait à une partie de ses droits, comme dans le cas de l'affranchissement des communes; tel est encore le droit de franc-fief qui était dû lorsqu'un fief passait entre les mains d'un bourgeois. Mais ces droits ont plutôt un caractère politique : ils se rattachent soit à l'immuabilité des rapports féodaux, soit à l'incapacité des non-nobles de posséder des terres nobles. Aussi laisserons-nous ces droits d'abrègement de fief et de franc-fief en dehors de cette étude des droits de mutation.

Nous allons étudier maintenant les droits seigneuriaux de mutation, d'abord pour les fiefs, puis pour les censives. Mais, avant d'aller plus loin, nous avons hâte de faire remarquer qu'en matière féodale les droits de mutation ne s'appliquent qu'aux mutations de propriété, et qu'il n'y a aucun droit sur les mutations d'usufruit ou de jouissance; ce qui d'ailleurs est commun aux fiefs et aux censives.

CHAPITRE PREMIER

Le roi, s'il était chef de l'État et chef de la hiérarchie féodale, était aussi seigneur féodal dans son domaine, dans les terres qui relevaient directement de lui à titre de fiefs ou de censives. Aussi, de ce chef, percevait-il des droits ou profits sur les mutations des fiefs et des censives qui faisaient partie de son domaine et relevaient directement de lui.

Au surplus, les explications que nous allons donner sur les droits seigneuriaux de mutation, s'appliquent aussi bien au cas où le fief ou la censive relève immédiatement du roi qu'au cas où le seigneur immédiat est un seigneur particulier, autre que le roi.

On sait que, parmi les terres engagées dans les rapports féodaux, les unes étaient tenues à titre de services nobles, et les autres à titres de services roturiers : les premières étaient des fiefs, et les secondes des censives. Les fiefs comprennent d'ailleurs d'autres immeubles que les terres, et on peut concéder en fief des droits immobiliers tels que des droits de justice, un péage sur un pont, une barrière sur une route, etc. Nous n'avons ici aucune raison de distinguer entre ces différentes sortes de fiefs.

Lorsque le vassal meurt, on dit que le fief est *ouvert*, c'est-à-dire que le seigneur en reprend la propriété et possession ; on dit aussi qu'il *tombe*, c'est-à-dire qu'il rentre dans la *manse* du seigneur. Celui-ci confère la propriété au nouveau vassal, il le relève de la déchéance du fief : de là le *relief* ou *rachat*. De même, en cas de vente, le fief tombe, le fief est ouvert : de là le *quint* que l'acqué-

reur doit payer pour être relevé de la déchéance du fief. Le quint
et le relief sont donc le prix de l'investiture que le seigneur confère
au nouveau vassal. En effet, autrefois, le fief ne pouvait être vendu
sans le consentement du seigneur ; dans le dernier état du droit,
il n'est plus besoin de l'investiture du seigneur, sauf dans les
coutumes de vest et devest.

La plupart des fiefs payaient les profits seigneuriaux (fiefs de
profits) ; mais certains fiefs ne devaient que les services féodaux
(fiefs de services), d'autres même ne devaient ni profits ni services
(fiefs d'honneur).

§ 1. — *Profit de quint.*

Le profit de quint est, comme le mot l'indique, un droit du
cinquième que le seigneur perçoit sur le prix de vente d'un fief :
ce profit seigneurial est ordinairement du cinquième (Paris,
Orléans, etc.), mais, dans quelques coutumes, le taux est différent,
et ainsi en Normandie le profit est du treizième, en Bretagne il est
du huitième et même du sixième, en Poitou il est du sixième. A
Paris et dans plusieurs autres coutumes, le droit est du quint
seulement ; mais d'autres coutumes donnent quint et requint : le
requint, c'est le quint du quint, et ce second droit n'a lieu ordinairement que dans les coutumes qui chargent le vendeur des droits
de mutation ; et, en ce cas, s'il vend *francs deniers,* c'est-à-dire
s'il stipule qu'il ne paiera pas les droits de quint (ce qui se stipule
par ces mots *francs deniers au vendeur*), alors l'acquéreur paie
le quint et requint, parce qu'il est censé avoir acheté moins cher
que si le vendeur s'était chargé des droits. Dans ces mêmes coutumes, en adjudication par décret, le quint et le requint sont dus ;
l'adjudicataire en est tenu, parce que l'adjudication est toujours
censée faite *francs deniers* au profit des créanciers poursuivants.

Mais, en général, le quint se paie en sus du prix dû au vendeur ; car il est ordinairement acquitté par l'acheteur.

D'après Dumoulin, ce n'est point la mutation qui donne lieu à la perception du profit de quint, c'est la nature du contrat. « Pour savoir s'il est dû quint ou lods, dit Guyot dans ses *Institutes féodales*, ne demandez pas s'il y a mutation, car elle arrive en même temps par le contrat, par la tradition feinte ; mais demandez si le contrat sonne vente, ou équipole à vente, voilà votre boussole certaine. Y a-t-il vente, ou acte équipolent à vente ? il y a quint. Si le contrat n'est ni vente, ni acte équipolent, il n'y a point quint, si ce n'est un échange depuis les édits et déclarations du roi sur les échanges. »

Le droit de quint est assis sur le prix porté en l'acte, s'il s'agit d'une vente ; sinon, sur la valeur estimative de l'immeuble. Il faut d'ailleurs ajouter au prix de vente les charges imposées à l'acheteur, telles que l'obligation de continuer une rente perpétuelle ou viagère, ou un douaire en rente. Toutefois l'argent donné aux entremettants, le pot-de-vin et les arrhes, quoique constatés par le contrat, n'augmentent pas le prix et ne donnent pas lieu au profit de quint, à moins que les arrhes et le pot-de-vin ne soient assez importants pour être considérés comme faisant partie du prix. De même les frais du notaire et les frais d'adjudication payés par l'acquéreur ne s'ajoutent pas au prix.

Si le vendeur s'est pourvu en rescision de la vente pour lésion d'outre-moitié, et que l'acheteur fournisse le supplément du prix comme il est en droit de le faire, les droits sont dus sur ce supplément de prix.

En principe, le seigneur ne peut demander le quint que sur le prix porté au contrat, à moins qu'il ne prouve la fraude : il faut qu'il se contente du droit sur le prix avoué par les parties, à moins qu'il n'aime mieux exercer le retrait féodal lorsque la coutume le lui permet.

La coutume d'Auvergne permet au seigneur de critiquer le prix de vente : il a le droit de *surjet*. S'il trouve le prix trop faible, il peut faire mettre aux enchères l'immeuble vendu : l'adjudicataire donne à l'acquéreur le prix porté au contrat, et au seigneur ce que les enchères ont produit en sus de ce prix et, en outre, les droits sur le total du prix d'adjudication.

I. — Quels sont les actes qui donnent lieu au profit de quint ? C'est, comme le dit Guyot, la vente ou tout autre acte équipollent.

Vente. — La vente volontaire et la vente judiciaire (ou vente par décret) donnent lieu toutes deux à la perception du droit de quint.

Si, pour purger les hypothèques, celui qui a acquis un immeuble à l'amiable a recours à la procédure du décret (ou décret volontaire), il n'est pas dû de quint ; toutefois, en Normandie, on perçoit alors le droit de mutation, à moins qu'il n'ait été stipulé dans le contrat de vente qu'il serait fait une procédure de décret volontaire.

En cas de décret forcé par suite des surenchères que les créanciers du vendeur ont formées sur le prix de vente, il faut distinguer si l'acquéreur reste ou non adjudicataire. Le seigneur a le droit de choisir entre les droits du décret et ceux du contrat de vente : et, s'il opte pour les droits du décret, il doit restituer les droits de mutation qu'il avait déjà reçus à l'acquéreur qui n'est point resté adjudicataire, ou, lorsque l'acquéreur est resté adjudicataire, il prendra ses droits sur le supplément du prix.

Lorsqu'un adjudicataire n'est pas en mesure de consigner son prix et que l'on procède à une nouvelle adjudication sur folle enchère, le seigneur ne perçoit le droit de mutation que sur la dernière adjudication, parce que le premier adjudicataire n'est pas censé avoir été adjudicataire. Le contraire, toutefois, s'observait en Normandie.

Si un héritier bénéficiaire se rend adjudicataire des biens de la succession, il ne doit aucun droit de quint ; car, comme le dit Guyot dans ses *Institutes féodales*, « il n'a pas été exproprié un instant ; il était propriétaire avant l'adjudication, il reste propriétaire par l'adjudication, et cela fait un propre dans sa succession. » Naturellement il doit payer le droit de relief dont nous parlerons plus loin, à moins qu'il n'en soit exempt par sa qualité.

Quid en cas de command ? Pour que le command puisse être exercé, il faut que la faculté de déclarer command ait été réservée dans le contrat s'il s'agit d'une vente volontaire, ou dans la quittance de consignation du prix s'il s'agit d'une vente par décret, et il faut, en outre, que le command soit déclaré dans le délai concédé par la coutume ou, au plus tard, dans les deux mois lorsque la coutume ne parle point du délai de command. Si la déclaration est faite régulièrement, il n'est point dû de nouveaux droits ; sinon, il y aurait là une revente, et le seigneur pourrait percevoir un second droit de mutation, à moins que l'on ne montrât une procuration spéciale pour l'immeuble acquis, antérieure au contrat ou au décret, et émanant de la personne au profit de qui le command est déclaré.

Vente conditionnelle, vente nulle. — Et d'abord la vente sous condition suspensive.

Comme on ignore si la vente produira jamais son effet, et que l'exécution du contrat est suspendue, les droits de quint ne peuvent être perçus pour le moment, et le seigneur ne pourra les exiger que si la condition vient à se réaliser.

La condition suspensive empêche donc de percevoir le quint jusqu'à l'arrivée de la condition. Si toutefois le contrat avait été exécuté de part et d'autre par la tradition du fief et le paiement du prix, il y aurait lieu à la perception immédiate du quint : la condition aurait été, en effet, transformée par les parties en condition résolutoire.

Il ne faut pas confondre avec la condition suspensive le terme même incertain ; le terme n'empêche pas la vente d'être pure et simple et de produire son effet dès maintenant, car nous ne traitons en ce moment que de la vente d'un immeuble déterminé. Malgré le terme, les droits seront perçus par le seigneur dès le moment du contrat.

Passons à la vente sous condition résolutoire.

Un premier exemple de semblable vente est celle qu'on appelait vente *in diem* : « Je vous vends cet héritage, et, si dans tel délai quelqu'un vient à m'en donner un prix supérieur, la vente n'existera point. » S'il survient un enchérisseur, le vendeur est obligé de sommer l'acquéreur de lui donner le même prix, et, si celui-ci le donne, l'héritage lui demeure. Dans un pareil contrat, le seigneur peut demander les droits dès le moment du contrat ; mais, si l'acquéreur laisse passer ensuite l'immeuble entre les mains d'un nouvel acquéreur faute d'offrir le même prix que ce dernier, la vente est résolue *ex causa antiqua et inhærente contractui*, et les droits sont restitués.

La vente peut être faite avec un pacte commissoire ; faute par l'acquéreur de payer dans le délai stipulé, la vente est résolue. En cas de résolution, il n'est dû aucun droit pour la rentrée du vendeur en la propriété de sa chose, et les droits perçus lors du contrat sont restitués.

La vente à réméré est encore une vente sous condition résolutoire ; les droits ne sont dus qu'au cas où le réméré n'est pas exercé dans le délai ; et, si le seigneur perçoit immédiatement les droits, ce n'est qu'à charge de restitution. Le réméré ne peut être stipulé pour plus de neuf ans ; sinon, il y aurait lieu à la perception des droits sans restitution. En cas d'exercice du réméré, il n'est point dû de nouveaux droits de quint pour la reprise du fief.

De ces différents exemples nous pouvons déduire la règle générale en matière de résolution : c'est que les droits de mutation qui ont été perçus lors du contrat, sont restitués, et qu'il n'est dû aucun droit pour la résolution même. Mais, si tel est le principe, l'application présente de nombreuses difficultés : « C'est, dit Guyot dans ses Instituts féodales, un des grands points féodaux que de savoir si, le contrat étant déclaré nul et résolu, les droits de la vente sont sujets à répétition, ou s'il n'y a pas de doubles droits. C'est l'écueil des feudistes. »

On distingue la résolution *ut ex tunc* et la résolution *ut ex nunc*.

1° Résolution *ut ex tunc*, pour le passé et pour l'avenir. C'est celle qui a sa source dans une cause inhérente au contrat et qui en dérive immédiatement : en pareil cas, les droits perçus lors de la vente sont restitués, sans que la résolution puisse ouvrir de nouveaux droits.

C'est la résolution pour un vice, une nullité du contrat : dol, lésion, défaut de consentement ou de capacité, vices rédhibitoires, défaut de pouvoir du vendeur, défaut de forme, etc.

C'est encore la vente *in diem*, le pacte commissoire, le réméré stipulé au contrat même de vente, et autres conditions résolutoires expressément mentionnées audit contrat.

2° Résolution *ut ex nunc*, pour l'avenir seulement. C'est celle qui résulte d'une cause postérieure au contrat, mais qui est cependant dans la nature du contrat. Dans ce second cas, les droits perçus ne sont pas restitués, mais la résolution n'ouvre pas de nouveaux droits.

Il en est ainsi en cas de révocation d'une donation pour cause d'ingratitude ou de survenance d'enfants, et aussi en cas de résolution d'une vente faute de paiement du prix.

Le désistement faute d'une entière exécution du contrat de vente est également considéré comme une résolution *ut ex nunc*. Par exemple, quoique le vendeur ait suivi la foi de l'acheteur et lui ait livré la chose vendue, si celui-ci n'en a pas entièrement payé le prix, les parties peuvent encore se désister du contrat, et ce désistement n'est pas considéré comme une revente : c'est, dit Dumoulin, *plutôt un distrat qu'un contrat.*

Ce que nous venons de dire sur le désistement suppose l'inexécution de la part d'une des parties. En cas d'exécution entière du contrat par la tradition réelle de la chose et le paiement total du prix, ce n'est plus un désistement qui peut avoir lieu, mais seulement une revente.

Quant aux résolutions purement volontaires, pour cause étrangère au contrat et dans la seule volonté des parties, elles ne donnent lieu à aucune restitution, mais ouvrent, au contraire, de nouveaux droits de mutation.

Remarquons enfin que les observations que nous venons de présenter sur la condition résolutoire et sur la nullité de la vente, sont communes à tous les autres contrats que nous allons étudier ci-après au point de vue du droit de quint : il faut appliquer les mêmes règles aux autres contrats nuls et résolus.

Vente de droits et actions. — Les ventes de droits et actions, tels que des droits successifs ou une action en réméré, ne donnent point lieu au droit de quint : mais si le cessionnaire obtient l'héritage en vertu de l'action en réméré, le quint sera perçu sur le prix de la cession qui sera réputé être le prix de l'héritage ; de même si par le partage de la succession le cessionnaire des droits successifs reçoit des immeubles, on percevra le droit de quint, d'après l'estimation de ces immeubles (Guyot, Instit. féodales).

Vente d'usufruit. — La vente d'un usufruit séparé de la nue propriété, ou vente à vie, est franche de droits : les profits seigneuriaux de mutation ne sont ouverts que par la mutation de propriété. Dumoulin avait distingué la vente de l'usufruit d'une maison et la vente d'une maison pour en jouir par usufruit : mais, comme Guyot le remarque avec raison dans ses Institutes féodales, l'une et l'autre vente n'emporte que la jouissance de l'immeuble, et la distinction n'a point de raison d'exister.

Vente de meubles. — Jusqu'ici nous ne nous sommes occupés que de la vente des immeubles. Pour les meubles, la vente n'ouvre aucun droit de quint, car un fief ne peut être qu'immobilier ; et s'il y a des immeubles vendus avec des meubles sans que le prix en soit distingué, il faut faire une ventilation aux frais de l'acquéreur.

De même la vente du bois de futaie est franche de droits : la vente du bois pour le couper le mobilise. Néanmoins, dans certains pays de droit écrit, à Bordeaux par exemple, il est perçu un profit de quint.

Estimation. — « Tout contrat à prix d'argent ou à chose réductible en deniers, donne lieu, dit Guyot (Instit. féodales), au quint ou au lods. »

Aussi l'estimation faite dans un contrat, par exemple dans un contrat de mariage pour les biens constitués en dot, donne lieu à la perception du profit de quint, parce qu'elle permet de prendre la chose moyennant le prix d'estimation : estimation vaut vente, dit un vieux brocart.

Toutefois, si l'estimation n'est faite que pour la perception du centième denier dont nous nous occuperons plus loin, alors il n'y a pas lieu au profit de quint. Il faut que l'estimation soit faite pour former un prix de vente, et non pour évaluer simplement les biens au point de vue de l'application du centième denier.

Échange. — Les échanges donnent ouverture au droit de quint en vertu d'édits royaux de 1645, 1674 et 1696. Il n'y a d'ailleurs qu'un droit unique et non deux droits de vente, c'est-à-dire que le quint ne frappe que la valeur de l'un des immeubles échangés, et, s'il y a soulte, on prend l'estimation de l'immeuble dont la valeur est la plus grande.

Dation en paiement. — La dation en paiement est un contrat équivalent à la vente : aussi perçoit-on en général le droit de quint.

Lorsqu'un débiteur donne son héritage à son créancier en paiement de ce qu'il lui doit, le droit de quint est dû : il en est de même si, sous l'apparence d'une donation, le débiteur donne son héritage à son créancier qui, en considération de cette libéralité, lui fait remise de sa créance.

Toutefois il n'est dû aucun droit sur la cession de biens qu'un débiteur fait à ses créanciers : ceux-ci ne sont que ses fondés de procuration à l'effet de vendre, il n'est pas exproprié et jusqu'au moment de la vente il peut payer ses créanciers et rentrer en possession de son patrimoine.

De même la jurisprudence a exempté du droit de quint tout ce qui est accommodement de famille. En voici des exemples :

Si, pour remplir la femme du prix de ses propres aliénés pendant le mariage, on lui donne des propres du mari, il y a quint parce qu'elle est totalement étrangere à ces biens ; mais, si on lui donne des conquêts, il n'est dû aucun droit, quand même elle aurait renoncé à la communauté, car elle n'a renoncé qu'à cause des dettes et on ne la répute point étrangère à ces biens.

Un héritage propre ou conquêt est donné à la femme pour son douaire. Si c'est un douaire coutumier, il n'y a point de quint, car elle n'a que l'usufruit ; si c'est un douaire préfix en rente, nuls droits lorsqu'on ne lui accorde que la jouissance de l'héritage ; mais il y a quint si on lui en donne la propriété pour lui tenir lieu de son douaire préfix en rente.

Si des enfants douairiers se font attribuer un propre de leur père pour leur douaire, il n'y a aucun droit de quint, même si c'est un douaire préfix.

Le père ou la mère qui a exercé la tutelle de ses enfants, rend compte de sa gestion ; et, en paiement du reliquat du compte de tutelle, le tuteur leur donne des biens à lui appartenant. D'après le dernier état de la jurisprudence antérieure à la Révolution, on décide qu'il n'est dû aucun droit de quint : ces enfants ne prennent que par avance des biens auxquels ils auraient succédé.

Les père et mère, ou l'un d'eux, ont promis une dot en argent à leur enfant, et ensuite, au lieu de la somme promise, ils donnent un immeuble. En pareil cas, on ne perçoit aucun droit de quint. Il en serait de même si un frère acquittait de cette façon la dot promise par son père ou sa mère : « ce serait, dit l'auteur des Institutes féodales, une espèce de partage. »

Mais si un père fait une vente à son fils, alors on rentre dans le droit commun, il y a lieu au profit de quint : car il n'y a aucun obstacle légal à ce que le fils achète du père, et réciproquement.

L'héritier bénéficiaire qui se fait attribuer des biens de la succession en paiement de ses créances, ne doit pas de quint : car il n'est pas étranger à ces biens.

Licitation, partage. — Le partage ne donne lieu à aucun droit de quint : car il n'est pas translatif de propriété, et il ne fait que déterminer la propriété de chacun des copartageants.

De même la licitation, pourvu qu'elle soit réelle, n'entraîne aucun droit de mutation, sauf au seigneur à prouver la simulation de l'acte. Mais si la licitation est faite au profit d'un étranger, il y a là une vente, et le profit de quint est perçu.

Donation à titre onéreux ou rémunératoire. — Nous ne parlons point ici de la donation pure et simple : car pour elle il ne pourrait être question que du droit de relief.

Mais la donation peut être faite à titre onéreux ou rémunératoire : on entend par là la donation en récompense de services appréciables en argent, ou sous certaines charges telles qu'une rente ou pension viagère, l'obligation de nourrir et entretenir le donateur, et celle de payer ses dettes : en ce qui concerne cette dernière charge, il faut que les dettes aient date certaine avant la donation, à peine de nullité, à moins que cette donation ne soit faite par contrat de mariage (ordonnance de 1731, art. 16).

Dans le cas d'une donation à titre onéreux ou rémunératoire, est-il dû un droit de quint ? Si la donation est faite à un parent en ligne directe, il n'est dû aucun droit, qu'elle soit pure et simple ou à titre onéreux ou rémunératoire. Mais, en ligne collatérale et pour les étrangers, la donation à titre onéreux ou rémunératoire ouvre le quint parce qu'il y a un prix : toutefois, dans les coutumes de Vitry et de Sédan, l'obligation de nourrir et d'entretenir le donateur ne donne lieu à aucun droit de quint.

Bail à rente et bail emphytéotique. — Le bail emphytéotique ne donne lieu à aucun droit de quint : car il n'y a pas là de contrat équivalent à la vente. Mais si le preneur a déboursé de l'argent pour obtenir ce bail, s'il y a des *deniers d'entrée*, le droit de quint est dû au prorata des déboursés.

Il en est de même pour l'emphytéose perpétuelle : le quint n'est dû que sur les deniers d'entrée (Guyot, Traité des fiefs).

De même, dans le bail à rente foncière, il n'est dû aucun profit de quint, à moins qu'il n'y ait argent déboursé : auquel cas le droit n'est perçu que sur ces deniers d'entrée. Il en est de même de la vente de l'héritage à la charge d'une rente foncière. Mais, dans les deux cas, comme la rente représente l'héritage, la vente de la rente entraîne des droits de quint, c'est comme si l'on vendait l'héritage.

Toutefois le bail ou vente à rente rachetable ouvre le quint immédiatement sans attendre le rachat, si ce n'est dans la coutume de Meaux et dans quelques autres coutumes : car le preneur peut rembourser la rente quand bon lui semble, et le seigneur n'est pas obligé de veiller au remboursement.

Bail à domaine congéable. — Comme dans ce bail il y a aliénation des superficies au profit du preneur ou domanier, il est perçu un droit de quint à l'occasion de ces superficies, c'est-à-dire sur les deniers d'entrée qui sont payés comme prix de ces superficies.

Retrait lignager. — Le retrait lignager n'ouvre point de nouveaux droits de quint : il n'y a qu'une simple substitution de personne. Il en est de même du retrait successoral, du retrait litigieux.

Quant au retrait féodal, nous n'en parlons point, puisqu'il est exercé par le seigneur même auquel le droit de quint serait dû.

Jeu de fief. — Il faut distinguer le jeu de fief parfait et le jeu de fief imparfait. Il y a jeu de fief parfait lorsque le vassal, en aliénant partie du fief, retient les rapports féodaux par devers lui.

Si donc il vend purement et simplement partie du fief, il y a lieu au profit de quint envers le seigneur dominant ; c'est ici un jeu de fief imparfait, et le vassal aliène avec la mouvance la foi qu'il doit à son suzerain, il y a démission de foi. Il en serait de même d'ailleurs au cas de dation en paiement, d'échange, de donation à titre onéreux, etc., si le vassal aliène à la fois la mouvance de la terre et la foi due au suzerain.

Mais, si le jeu de fief a lieu par sous-inféodation, par accensement ou par bail à rente, avec rétention de foi expresse, il y a jeu de fief parfait, et comme le vassal retient la directe par devers lui, il n'est dû aucun profit au seigneur dominant.

Transaction. — Il faut, en cas de transaction, distinguer si le fief change ou non de main par la transaction. S'il change de main en compensation d'une certaine somme d'argent, il y a profit de quint ; s'il n'y a point d'argent, il y a lieu au droit de relief. Si le fief demeure entre les mains du possesseur, il n'est dû aucun droit, quand même il aurait déboursé de l'argent ; car celui qui conserve l'héritage est censé n'avoir voulu que se débarrasser d'un procès.

Le Roy   5

Expropriation pour cause d'utilité publique. — La vente pour l'utilité publique donne-t-elle lieu au droit de quint au profit du seigneur ? Les seigneurs réclamaient, outre une indemnité pour la directe par eux perdue, un droit de quint sur le prix de la vente, se fondant sur l'édit d'avril 1667, par lequel le roi s'engageait à leur payer une indemnité et les droits seigneuriaux pour les acquisitions qu'il ferait pour l'agrandissement des palais royaux. Cependant Guyot, dans ses Institutes féodales, estime qu'il n'est dû aux seigneurs aucun droit de mutation, parce qu'ils doivent eux-mêmes comme citoyens contribuer au bien public ; mais qu'ils ont droit à une indemnité pour la directe qu'ils perdent à jamais.

II. — Sur quelles personnes le profit de quint peut-il être exigé ?

Le profit de quint est dû par le nouveau possesseur du fief, et il appartient au seigneur dominant, au seigneur de la terre dont le fief acquis est mouvant.

Un mot à ce propos sur une institution spéciale à certaines coutumes (Anjou, Maine, Normandie, Poitou, Bretagne, etc.), et qu'on appelle *parage*. Les droits de vente des portions cadettes appartiennent à l'aîné ou *chemier*. Mais les droits de vente des fiefs ou censives dépendant du fief en partage se partagent au prorata entre le chemier et les puînés.

L'acquéreur d'un fief doit-il toujours le profit de quint, lorsque son contrat d'acquisition rentre d'ailleurs dans la catégorie des actes qui ouvrent ordinairement le quint ? N'y a-t-il pas des exemptions ou des privilèges ? Nous allons à cet égard examiner différentes espèces.

Le seigneur aliène une portion de son domaine à titre de fief, par sous-inféodation ; est-il dû des droits de quint au profit du seigneur qui consent l'aliénation ? Distinguons le cas où le seigneur a affermé les profits seigneuriaux et celui où il ne les a pas affermés.

Si le seigneur a affermé les droits seigneuriaux, son fermier peut-il exiger un profit de quint sur l'aliénation que le seigneur a consentie ? Non, car cet événement n'a pas été compris dans le bail ; quant à la cession des droits seigneuriaux, le domaine du seigneur ne faisait pas partie du bail, et la cession ne peut s'entendre que des biens qui étaient sujets aux droits seigneuriaux lors du bail. Il en est ainsi, soit que le vendeur, soit que l'acquéreur soit chargé des droits par la coutume.

Si les droits n'ont pas été affermés, une première concession en fief ne peut entraîner aucun droit de mutation, sauf le cas de clause spéciale stipulée à cet égard par le seigneur ; c'était là un point certain dans la jurisprudence.

Ainsi donc tous ceux qui acquièrent du seigneur à titre de fief sont exempts de droits ; il en est de même d'ailleurs pour les censives.

Il est encore d'autres exemptions qui sont des privilèges concédés à certains dignitaires ou magistrats : ce sont les chevaliers de l'ordre du Saint-Esprit, les secrétaires du roi, et, depuis l'édit de 1690, les membres du parlement de Paris, de la chambre des comptes et de différentes autres cours. Ces privilégiés sont exempts de droits seigneuriaux, soit qu'ils vendent, soit qu'ils achètent dans la mouvance du roi ; ils ont la même exemption dans les apanages dont la concession est postérieure à l'établissement de ces privilèges ; l'exemption a lieu encore pendant la régale des archevêchés et évêchés.

Ces privilèges ont été supprimés par un arrêt du conseil du 26 mai 1771 : cet arrêt abroge toutes les exemptions dont divers officiers jouissaient à l'égard des droits seigneuriaux dus au roi pour les mutations des biens situés dans ses mouvances et directes.

III. — Il nous reste à parler du recouvrement des droits de quint.

Les droits seigneuriaux étaient affermés par certains seigneurs ; d'autres percevaient directement leurs profits de quint, de relief et de lods et vente. Nous n'avons pas à nous occuper des rapports entre le seigneur et son fermier : ces rapports sont réglés par le contrat de bail, et à défaut par les principes du droit civil.

Mais ce que nous avons à rechercher, c'est la situation du contribuable à l'égard du seigneur ou de son fermier.

Le droit de quint est dû *statim contractu concluso*. Dès que le contrat est signé, le seigneur peut exiger le profit de mutation, sauf dans les coutumes de vest et devest où l'acquéreur ne devient propriétaire que par l'ensaisinement. Aussi ces droits appartiennent-ils au seigneur ou au fermier du temps du contrat : il en est de même dans le cas où l'acquéreur menacé d'une rescision pour lésion d'outre-moitié fournit le supplément de prix.

Dans la vente sous condition résolutoire, le droit est perçu immédiatement, sauf restitution. Mais, si la condition est suspensive, la perception est, dans ce cas, retardée jusqu'à l'arrivée de la condition : mais néanmoins le droit appartiendra au seigneur du temps du contrat.

Tout nouvel acquéreur doit exhiber son contrat au seigneur dans les termes portés dans les coutumes : pour les fiefs, il n'y a pas à cet égard d'amende pour vente recelée comme il en existe dans les censives, car le seigneur a une autre ressource à sa disposition, il a la saisie féodale ; mais, lorsqu'il vient offrir la foi et l'hommage, l'acquéreur doit alors exhiber son contrat. Dans les pays de droit écrit, le délai pour l'exhibition est d'un an ; remarquons que le quint n'y existe pas, mais qu'il est remplacé par le lods et vente.

Le seigneur peut garder le contrat pendant huit ou quinze jours, sous récépissé, afin de vérifier la vente ; on doit lui en laisser une copie collationnée avec l'origine.

Faute d'exhibition, le seigneur a trente ans pour poursuivre le paiement des droits.

On peut d'ailleurs exhiber au mari seul, au tuteur, même au mineur qui a atteint la majorité féodale.

Quelle est la sanction du profit de quint? Le seigneur est créancier du vassal : il peut agir par les voies civiles et employer les moyens de contrainte que le droit civil met à la disposition de tout créancier ; il a une action personnelle contre l'acquéreur et ses héritiers, et cette action est en même temps hypothécaire et privilégiée sur l'héritage, elle lui permet de saisir l'héritage sans qu'il soit obligé de procéder à la discussion préalable du débiteur personnel.

Mais le seigneur a un moyen de contrainte plus avantageux que lui fournit le droit féodal : lorsque le profit de quint n'est pas payé dans le délai que nous allons voir, il peut saisir féodalement le fief ; c'est ici la saisie féodale *pour devoirs non faits et non payés*, laquelle produit les mêmes effets que la saisie féodale *faute d'homme*. Le fief fait retour provisoire au seigneur, et ce retour a lieu de plein droit, sauf dans certaines coutumes où il ne peut avoir lieu que par autorité de justice : en pays de droit écrit, la saisie féodale est inconnue, si ce n'est après des condamnations obtenues. En vertu de ce retour le seigneur reprend la détention provisoire du fief, il l'exploite pour son compte et garde les fruits qu'il perçoit, sans être obligé de les restituer lorsque le profit de quint aura été payé et qu'il sera obligé de restituer le fief ; néanmoins, quelques coutumes comme celle d'Anjou ne donnent au seigneur que les fruits qu'il a consommés. Ce retour a lieu par une simple saisie, sauf dans certaines coutumes où l'on exige un jugement : l'exploit de saisie se périme par trois ans, comme à Paris et dans la plupart des coutumes (en Poitou, la saisie n'est qu'annale), mais l'exploit de saisie peut être renouvelé indéfiniment et la saisie ne peut être couverte que par le port de foi et hommage. Lorsque le seigneur a accepté le port de foi et hommage avant l'acquittement des droits seigneuriaux, la saisie féodale ne peut plus avoir lieu et le seigneur ne peut plus désormais employer que la voie civile, si du moins il a expressément réservé les droits qui lui sont dus.

Pour fournir les droits de quint, le vassal a un certain délai pendant lequel on ne peut saisir féodalement le fief : c'est la durée de souffrance. Pour le profit de quint, les coutumes donnent les unes quinze jours, les autres vingt jours ; dans le silence des coutumes, la jurisprudence donne quarante jours ; dans les pays de droit écrit, le délai est d'un an (mais le quint n'y existe point, il est d'ailleurs remplacé par le lods et vente). Ce délai de souffrance est accordé à la fois pour le port de foi et les droits de mutation : le port de foi doit être accompagné, en effet, du profit de quint et de l'exhibition du contrat dont on doit laisser copie ; faute de quoi les offres réelles seraient nulles. Mais la souffrance pour cause de minorité féodale ou pour excuse légitime ne concerne que le port de foi, et ne retarde pas la perception des droits de mutation qui doivent être payés en demandant la souffrance.

Il y a trois fins de non-recevoir pour le profit de quint :

1° La réception à hommage sans réserve des profits. Le seigneur qui accepte le port de foi avec exhibition du contrat sans réserver les profits qui lui sont dus, est censé avoir touché le profit ou en avoir fait remise.

2° Le défaut d'opposition aux lettres de ratification. Les lettres de ratification purgent les profits échus, tout en laissant subsister les profits seigneuriaux pour l'avenir.

3° La prescription de trente ans. Les droits seigneuriaux échus se prescrivent par trente ans, et la prescription court du jour où le

profit est né et a pu être demandé ; mais la mouvance est imprescriptible.

§ 2. — *Profit de relief.*

Toutes les fois qu'un fief change de main, entre-vifs ou par décès,
on dit qu'il tombe ; et, en conséquence, il est dû un profit de mutation. Nous avons vu dans quels cas il était dû un droit de quint :
dans tous les autres cas, en général, on percevra un droit de relief
ou rachat.

Le droit de relief, comme le droit de quint, ne se perçoit d'ailleurs que dans les fiefs de profits : car les profits seigneuriaux de
mutation sont de la nature et non de la substance du fief.

Le droit de relief est inconnu dans les pays de droit écrit, comme
le quint d'ailleurs. Dans les autres pays, on s'en rapporte au titre
d'investiture ; à défaut, à la coutume du lieu, pour savoir si le fief
est sujet aux profits de quint et de relief.

Le relief ou rachat est le droit qui frappe toutes les mutations
en dehors de la vente et des contrats équipollents. Quelques coutumes, comme celles du Vexin français, de Mantes, de Chartres, ne
connaissent point le quint : dans ces coutumes, il y a lieu au
relief pour toute mutation de fief par vente ou autrement.

Le relief peut être abonné d'après la coutume de Mantes : et,
en cas d'abonnement, le seigneur a droit seulement à la redevance
fixée par le contrat d'abonnement. Lorsque le fief abonné vient à
s'accroître par des réunions, l'abonnement ne tient pas, si les réunions sont postérieures à l'abonnement et n'ont pas été prévues
dans le contrat. Le fief dominant qui a consenti l'abonnement peut
venir à s'ouvrir : dans ce cas, si l'abonnement n'est pas inséré dans
le contrat d'inféodation du fief abonné, on ne peut l'opposer au
suzerain qui saisit le fief dominant.

I. — Quel est le taux du droit de relief, et en quoi consiste-t-il ?

En général, le relief consiste dans le revenu en nature d'une année du fief, ou dans l'estimation de ce revenu par experts (*par Prud'hommes*), ou enfin dans une somme d'argent offerte par le vassal, le tout au choix du seigneur. Si toutefois le seigneur est débiteur d'une somme liquide et exigible envers le vassal, il ne peut s'opposer à la compensation et demander le revenu de l'année en nature.

Certaines coutumes donnent pour relief le tiers de l'estimation du revenu des trois années qui précèdent la mutation.

Si le seigneur opte pour le revenu d'une année en nature, il a le droit de percevoir tous les fruits civils ou naturels de l'année qui suit la mutation : aussi le vassal doit-il communiquer ses livres et papiers de recette, lui livrer tous les bâtiments de la ferme, lui donner un logement dans le manoir, etc.; au surplus, cette année dont le seigneur jouit à titre de relief, commence au jour des offres acceptées par le seigneur ou valablement faites par le vassal.

Le seigneur n'a qu'une récolte des fruits de chaque espèce : s'il s'agit d'un bois en coupes réglées, il a la coupe ou partie de la coupe de l'année, suivant que les coupes sont annuelles ou se font à des intervalles plus éloignés; si le bois n'est pas en coupes réglées, comme il n'a droit qu'à une feuille, on fait une estimation à dire de Prud'hommes; de même, pour la pêche des étangs, on estime ce que représente l'année dévolue au seigneur.

Le seigneur a la jouissance de l'année, mais dans les limites des droits d'un usufruitier : il doit jouir en bon père de famille et comme le vassal lui-même; il peut prendre des bois pour son chauffage si tel était l'usage du vassal, mais sans pouvoir toucher aux bois de haute futaie.

S'il y a des bestiaux dans la ferme, il peut s'en servir lorsqu'il n'y a pas de fermier ; si les bestiaux sont en cheptel, le croît de l'année lui appartient pour ce qui serait revenu au vassal.

De même, il touche les profits de mutation sur les censives et sur les arrière-fiefs qui viennent à s'ouvrir dans l'année.

Si le fief a été affermé sans fraude, il doit se contenter du fermage de l'année, à moins que la coutume ne lui permette d'expulser le fermier. Et si le fermier avait payé d'avance le fermage de l'année appartenant au seigneur, et ce même en vertu d'une clause du bail, il doit encore le payer au seigneur, sauf son recours.

Le seigneur qui jouit à titre de relief n'est pas tenu des charges imposées par le vassal, à moins qu'elles n'aient été inféodées : ainsi ni le douaire, ni l'usufruit n'empêchent la levée du relief, sauf le recours de la douairière ou de l'usufruitier. Mais les charges qui ne procèdent pas du fait du vassal, telles que les impositions pour tailles d'église, pavé, fortifications, etc., sont supportées par le seigneur.

Le fief, comme nous l'avons vu, peut, dans certaines coutumes, être abonné pour les profits de mutation : en cas d'abonnement, le seigneur ne peut demander ni le quint, ni le relief, et, malgré l'ouverture du fief, il doit se contenter du prix de l'abonnement.

Plusieurs mutations successives du même fief peuvent avoir lieu pendant l'année de jouissance qui appartient au seigneur ; c'est le cas du *rachat rencontré*. Le seigneur percevra-t-il autant d'années de jouissance qu'il y a de mutations ? Certaines coutumes ne s'expliquent point sur cette question : d'autres, comme celles d'Anjou, du Maine, du Poitou et de la Bretagne, ne donnent à titre de relief au seigneur sur chaque mutation que la portion d'année qui s'est écoulée entre cette mutation et la suivante, n'accordant une année entière que sur la dernière mutation. Sur cette question du rachat rencontré, Dumoulin et la jurisprudence font une distinction : pour les mutations par cas fortuits, comme la mort ou le mariage, le second relief se confond dans le premier, ainsi que nous venons de l'expliquer ; mais, si la mutation est volontaire, il n'y a point de confusion.

II. — Le relief frappe toutes les mutations autres que la vente ou autre acte équivalent et l'échange : naturellement, il ne s'agit, comme pour le quint, que des mutations *ex parte vassalli*.

« Le relief, dit Guyot (*Instit. féodales*), n'est imposé qu'à la mutation, à la différence du quint ou lods qui est imposé au contrat. » Cela signifie que, pour le quint, il faut voir la nature du contrat, examiner si c'est une vente ou un contrat équivalent, ou un échange, tandis que, pour le relief, il faut s'attacher à la nature de la mutation et aux liens qui unissent les personnes entre qui elle a lieu.

Nous allons examiner les différentes mutations qui peuvent ouvrir le relief.

Succession en ligne directe. — En ligne directe, ascendante ou descendante, il n'est dû aucun profit de relief. sans distinguer entre les successions testamentaires et les successions *ab intestat*. Toutefois, quelques coutumes, comme celles du Vexin, de Chartres et du Poitou, donnent le relief pour les successions en ligne directe comme elles le donnent aussi pour les ventes et actes équivalents : ce sont les coutumes *de toute main*.

Certains coutumes distinguent si l'héritier vient *par moyen* ou *sans moyen* (Anjou et Maine). Les héritiers sans moyen sont ceux qui tiennent immédiatement au défunt, sans degré intermédiaire de parenté, tandis que les héritiers par moyen se trouvent séparés du défunt par des degrés intermédiaires de parenté. Les héritiers par moyen tels que le petit-fils (qu'il soit d'ailleurs ou non en concours avec des fils ou filles du *de cujus*), ont à payer le droit de relief, tandis que les héritiers sans moyen en sont exempts.

La mort civile comme la mort naturelle ouvre la succession, et par suite entraîne le droit de relief s'il y a lieu. Toutefois, pour l'homme de fief qui doit être fourni par les gens de main-morte, et qu'on appelle *homme vivant et mourant*, sa mort naturelle seule donne lieu au profit de relief, et il n'est pas dû en cas de mort civile: car l'homme vivant et mourant n'a été donné que pour mesurer la vie naturelle du vassal.

Succession en ligne collatérale. — Dans les successions en ligne collatérale, *ab intestat* ou par testament, il est toujours dû un droit de relief.

Dans les coutumes d'Anjou et du Maine, on distingue cependant, comme en ligne directe, entre les héritiers par moyen et les héritiers sans moyen: les premiers, tels que les neveux et nièces en concours ou non avec des frères et sœurs du *de cujus*, sont sujets au relief; tandis que les héritiers sans moyen, comme le frère ou la sœur, en sont exempts parce qu'ils tiennent immédiatement au défunt.

A Tours, on ne fait aucune distinction en ligne directe ; mais, en ligne collatérale, on distingue les héritiers du premier degré et ceux du second degré: les frères et sœurs ne doivent aucun relief ; les neveux et nièces y sont sujets, au contraire.

Successions irrégulières et dispositions testamentaires au profit des étrangers. — Les bâtards ne peuvent prétendre dans la succession de leur père et mère qu'à de simples aliments ; mais ils peuvent recevoir d'eux des donations ou legs qui seraient réduits s'ils étaient trop considérables : on tient compte à cet égard des circonstances plus ou moins odieuses de leur naissance. En tous cas le droit de relief est applicable aux bâtards, ils ne peuvent invoquer l'exemption dont bénéficient les parents en ligne directe, car les bâtards n'ont point de famille.

Le conjoint est aussi assujetti au droit de relief, soit qu'il suc-

cède à son conjoint *ab intestat*, soit qu'il lui succède en vertu
d'un legs que celui-ci lui a fait.

Enfin il est des cas où le seigneur recueille des hérédités à titre
de successeur irrégulier : telles sont les successions en déshérence,
telles sont les successions des bâtards. Nous examinerons cette
question plus loin.

Quant aux legs universels ou particuliers au profit des étrangers,
il n'y a point de difficulté : le droit de relief est toujours dû.

Bénéfice d'inventaire. — En ligne directe comme en ligne collatérale, l'héritier bénéficiaire qui n'en est pas exempt par son degré de parenté, doit payer le relief, sauf à le prélever sur la succession lorsqu'il rend compte aux créanciers. Si toutefois des biens *successoraux* avaient été saisis avant le décès du *de cujus*, et que
l'adjudication ait lieu après ce décès, l'héritier bénéficiaire n'aurait
aucun droit à payer sur ces biens, ainsi que l'enseigne Dumoulin.

Substitution. — La substitution peut être faite à plusieurs
degrés. Comment appliquera-t-on le droit de relief ? On ne s'attache
pas au lien qui peut unir l'appelé avec celui qui a constitué la
substitution ; mais on regarde quelle est la parenté entre l'appelé
et celui à qui il succède, le dernier possesseur du fief : s'il succède
à son père ou à un autre ascendant, il n'est dû aucun relief ; s'il
succède à un collatéral ou à un étranger, il est dû un profit de relief, le tout sauf les dispositions des coutumes d'Anjou, du Maine
et de Tours sur les héritiers par moyen (arrêt de règlement du
parlement de Paris du 20 mai 1727).

Succession vacante. — Dumoulin pensait que la création d'un
curateur à une succession vacante n'ouvre point le relief, parce
que le curateur représente la personne du défunt et non celle de
l'héritier futur : le relief ne serait dû que lorsqu'un héritier vient
appréhender la succession vacante.

Mais un arrêt du 5 juin 1736 décide formellement que le droit doit être payé immédiatement par le curateur, bien qu'il ne se présente pas d'héritier.

Démission de biens. — Une personne se démet de ses biens au profit de ses héritiers, elle anticipe l'ouverture de sa succession. Le droit de relief est dû immédiatement au seigneur ; mais il faut d'ailleurs appliquer les mêmes exemptions qu'en matière de succession.

Institution contractuelle et donation. — La donation à titre onéreux ou rémunératoire donne lieu au profit de quint.

Mais la donation pure et simple ouvre le relief, soit qu'elle soit faite entre-vifs, soit qu'elle soit faite *mortis causa* : il en est de même de l'institution contractuelle. Au surplus, il faut suivre à cet égard les règles que nous avons données à propos des successions : c'est la qualité du donataire ou héritier qui détermine s'il doit ou non le relief. Dans les coutumes de Vitry et de Chaulny, on est toutefois plus favorable à la donation qu'à la succession.

Guyot (*Instit. féod.*) estime que la réserve d'usufruit n'empêche pas l'ouverture immédiate du relief sur la donation.

Renonciation à une succession. — La renonciation à une succession peut être considérée soit comme une donation soit comme une vente de droits successifs, suivant qu'elle est faite à titre gratuit ou moyennant un prix. Y a-t-il lieu au droit de relief ou à celui de quint ?

Il faut distinguer si la renonciation est antérieure ou postérieure au partage. Si elle est faite avant partage, elle n'ouvre aucun droit, soit qu'elle soit pure et simple, soit qu'elle soit faite moyennant un prix quelconque : car, dit Guyot (*Instit. féod.*), « c'est un acte préparatoire : il est censé avoir mieux aimé sa part en argent : c'est un accommodement de famille. » Si la renonciation a été faite après partage ce n'est plus une véritable renonciation, puisque l'héritier avait pris sa part ; si donc elle est faite à titre gratuit, il y a relief, parce que c'est une donation en faveur des autres héritiers ; si elle est faite *mediante pecunia*, il est dû un profit de quint, car il y a là une vente de droits successifs.

Don mutuel. — Les coutumes autorisent le don mutuel entre époux par contrat de mariage ou pendant le mariage : ce don mutuel peut être fait, suivant les coutumes, en propriété ou bien en usufruit seulement, en propres et conquêts ou bien en conquêts seulement.

La donation en usufruit n'ouvre aucun droit de relief, parce que les profits seigneuriaux ne sont ouverts que par les mutations de propriété. Quant à la donation en propriété, elle entraîne le relief si elle est faite sur des propres ; mais, si elle consiste en conquêts, le relief n'est dû que sur la moitié qui appartenait au prédécédé dans les biens donnés.

Partage. — Le partage de succession n'entraîne aucun droit de mutation. Le relief sur les fiefs compris dans la succession était dû dès avant le partage, sauf l'exemption des héritiers en ligne directe ; et l'attributaire du fief est censé avoir seul succédé au défunt pour le fief.

Passons au partage de communauté. Par l'effet du partage, un fief est attribué à la femme : doit-elle un relief pour la moitié qui appartenait aux héritiers du mari ? ce qui amène des difficultés, c'est que certaines coutumes, et notamment la coutume de Valois, disent : « Ne payera arcun droit pour sa moitié. » Mais Guyot (*Instit. féodales*) indique bien qu'il n'est rien dû en pareil cas : car, par l'effet du partage, les héritiers du mari sont censés n'avoir rien eu dans le fief attribué à la femme. Si le fief est attribué aux héritiers du mari et que ceux-ci soient des collatéraux, il est dû un droit de relief, non pas en vertu du partage, mais à raison de la mutation produite par le décès du vassal.

La renonciation de la femme à la communauté ne donne ouver-

ture à aucun droit de relief, pourvu qu'il s'agisse d'une renonciation faite avant tout partage. Si la femme a renoncé à la communauté, et que, pour la remplir de ses reprises, on lui donne des
conquêts, il n'est dû aucun droit : car la femme, quoique renon-
çante, n'est pas réputée étrangère aux conquêts, il n'y a point de
mutation ; c'est d'ailleurs la jurisprudence constante.

Mariage. — Plusieurs coutumes reconnaissent le relief de mariage : c'est un droit de relief sur les fiefs que la femme apporte
en mariage. Mais c'est là l'exception.

Parmi ces coutumes, les unes affranchissent le premier mariage ;
les autres, comme en Anjou, donnent le relief pour tous les mariages.

Que doit-on entendre ici par premier mariage ? C'est, dit Guyot
(*Instit féod.*), celui qui subsiste ou qui se fait après le moment
où le fief échoit à la femme, et non le premier de tous les mariages
de la femme.

Le relief de mariage est-il dû même si les époux ne sont pas
communs en biens ? D'après une jurisprudence constante, s'il y a
simple exclusion de communauté, le relief est dû ; mais s'il y a
séparation de biens *avec jouissance à part*, il n'est point dû de
relief.

Ameublissement. — L'ameublissement des propres du mari
n'ouvre le relief que dans le cas où, la femme ou ses héritiers
acceptant la communauté, le fief ameubli passe, par l'effet du partage, dans le lot de la femme ou de ses héritiers.

Quant à l'ameublissement des propres de la femme, il en est de
même : le relief n'est dû que si le partage attribue le fief au mari
ou à ses héritiers.

Bénéfices. — Le droit de relief s'applique non seulement aux
fiefs, mais encore aux bénéfices ecclésiastiques. Le bénéficier succédant, soit par décès du bénéficier antérieur, soit par résignation

(*resignatio in favorem*), doit le profit de relief : c'est une succession irrégulière.

Confiscation, déshérence. — Le haut-justicier qui succède par confiscation, déshérence, droit de bâtardise ou tout autre droit de justice, doit le profit de relief s'il n'est en même temps seigneur féodal du fief qui lui advient : il en est de même du roi lorsqu'il recueille de cette façon un fief dont il n'est pas le seigneur immédiat. Mais, d'après Guyot (*Instit. féod.*), le roi ou seigneur haut-justicier ne doit le relief qu'autant qu'il garde le fief, et il a à cet effet un an pour délibérer (art. 76 de la coutume de Melun ; art. 21 de celle d'Orléans). Mais, en dehors de ces coutumes qui sont formelles, Hervé (*Théorie des matières féodales*) fait une distinction qui semble fort juste : si le seigneur ne vide ses mains qu'en tirant parti du fief qui lui était échu, par exemple en l'échangeant contre un autre héritage, alors le seigneur doit le rachat, indépendamment du quint qui serait dû sur l'échange ; mais, s'il vide ses mains dans l'année sans tirer aucun profit du fief, nul droit de relief.

Bail à rente ou emphytéotique, bail à domaine congéable. — Le bail à rente et le bail emphytéotique, ainsi que le bail à domaine congéable, n'ouvrent que le droit de relief, à moins qu'il n'y ait argent déboursé : auquel cas il est dû quint ou lods, suivant l'usage du pays.

Il en est de même, dit Guyot dans son *Traité des fiefs*, de l'emphytéose perpétuelle.

Condition suspensive et résolutoire, nullité. — La condition suspensive retarde la perception du relief sur la mutation de propriété : ainsi la donation sous condition suspensive n'ouvre le relief que lors de l'arrivée de la condition suspensive.

La condition résolutoire n'empêche pas la perception des droits, sauf restitution. A cet égard, il suffit de s'en référer aux explications que nous avons données à propos du quint. La condition résolutoire peut d'ailleurs être tacite ou expresse, légale ou conventionnelle : c'est ainsi qu'une donation peut être révoquée pour cause de survenance d'enfant, ou bien en vertu d'une clause de retour stipulée pour le cas de décès du donataire sans postérité.

La résolution du contrat, de la donation par exemple, peut aussi avoir lieu pour cause de nullité de ce contrat.

Dans tous ces cas de résolution, il faut distinguer si la résolution a lieu *ut ex tunc* et pour cause inhérente au contrat, ou bien *ut ex nunc*. C'est ainsi que la nullité du contrat donne lieu à la restitution des droits perçus et n'ouvre aucun relief pour le fait même de la résolution, parce que la résolution a lieu *ut ex tunc*. Mais, en cas de révocation d'une donation pour survenance d'enfant ou pour cause de mort du donataire sans postérité lorsque la réversion a été stipulée, les droits perçus pour la donation révoquée ne sont pas restitués ; mais cependant il n'est point dû de nouveau relief pour la révocation de la donation, parce que cette résolution est dans la nature du contrat.

La résolution volontaire ouvre, au contraire, de doubles droits de mutation.

III. — Recouvrement du relief.

Le relief, comme les autres profits seigneuriaux, est affermé dans certaines seigneuries ; d'autres seigneurs le perçoivent directement.

A partir de quel moment peut-il être exigé ? L'ouverture du fief donne le droit de relief et l'adjuge à celui qui était seigneur ou fermier des droits à cette époque ; mais la mutation seule le rend exigible, car le fief ne change de main que *per adventum novi vassalli*.

Quel est le délai accordé au vassal pour le paiement du relief ? Si la mutation a eu lieu par décès, le vassal a quarante jours à compter du décès de son auteur pour porter la foi ; si l'acquisition a eu lieu autrement, les coutumes varient sur ce point, les unes donnent vingt jours, les autres quinze jours, et, si la coutume est muette, le délai est de quarante jours : en pays de droit écrit, le délai est d'un an (mais il ne peut s'agir là que du profit de lods).

L'héritier du vassal décédant dans les quarante jours, sans avoir fait la foi, Dumoulin n'accordait à son successeur que le restant du délai ; mais Ferrière, Duplessis et Guyot (*Instit. féod.*) pensent qu'il aura un nouveau délai de quarante jours.

Tel est le délai pour le port de foi : c'est aussi le délai pour le relief ; car le seigneur ne peut être contraint à recevoir la foi que moyennant l'acquit des profits seigneuriaux.

Comme sanction du droit de relief, le seigneur peut, à l'expiration du délai de souffrance, employer les voies d'exécution que le droit civil accorde à tout créancier. Il a, en outre, la saisie féodale *pour devoirs non faits et non payés*, que nous avons déjà expliquée à propos du quint.

Il y a trois fins de non-recevoir à l'égard du profit de relief :

1° La réception à hommage sans réserve de profits. Le seigneur qui reçoit la foi et hommage sans réserver les profits qui lui sont dus, est censé les avoir touchés ou en avoir fait remise.

2° Les lettres de ratification. Faute d'opposition aux lettres de ratification, celles-ci purgent les profits échus.

3° La prescription de trente ans. Si la mouvance est imprescriptible, les profits échus se prescrivent par trente ans : la prescription du relief court dans quelques coutumes du jour de la mutation connue au seigneur, sans qu'il soit besoin de l'avertir (Poitou, etc.) ; mais, en général, elle court du jour des offres réelles de foi et hommage valablement faites.

IV. — Étudions rapidement quelques droits de mutation qui se rapprochent du relief.

Relevaison à plaisir. — C'est un droit spécial à la coutume d'Orléans et qui ne s'applique qu'aux maisons situées dans la ville, *en-dedans les anciennes barrières*. C'est un véritable droit de relief pour les rotures, c'est-à-dire pour les censives : il est dû *de toutes mains*, c'est-à-dire pour toute mutation *ex parte vassalli* par vente, succession ou autrement ; il est applicable en ligne directe comme en ligne collatérale.

Il est ou *à plaisir*, ou *au denier six*, ou *de tel cens telles relevaisons*.

Plait. — Le plait est connu en Dauphiné, et il a lieu sur les fiefs comme les censives : il doit être stipulé expressément dans le contrat d'inféodation ou dans le bail emphytéotique.

Il est *conventionnel*, *accoutumé* ou *à merci*.

Il est dû à toute mutation de seigneur et de vassal ou emphytéote, ou à mutation de l'un d'eux seulement, suivant les stipulations du contrat.

Acapte et arrière-capte. — L'acapte est dû à toute mutation de l'emphytéote ; l'arrière-capte est dû à toute mutation du seigneur.

Ce droit spécial au Languedoc et à la Guyenne, ne frappe que les héritages donnés à emphytéose, et son étendue est réglée par la convention.

Mi-lod. — On trouve ce droit dans le Lyonnais et le Forez. Il n'est dû que sur les emphytéoses, car les fiefs sont purement d'honneur dans ces provinces.

Il n'est pas dû pour les ventes, mais seulement pour les mutations qui entraînent relief : il n'est pas dû en ligne directe, mais en ligne collatérale.

Marciage. — C'est un droit usité dans les coutumes de Verneuil et de Billy (en Bourbonnais) : il est dû à toute mutation de seigneur et de vassal, à toute mutation de seigneur et d'emphytéote ou censitaire, par mort ou autrement. Cependant la vente et les actes équivalents n'entraînent que le droit de lods et vente.

CHAPITRE II

Nous venons d'énumérer un certain nombre de droits spéciaux à certaines coutumes, dont les uns s'appliquent aux fiefs et aux censives, et dont les autres ne s'appliquent qu'aux censives (ou aux emphytéoses qui, dans les pays de droit écrit, représentent à peu près les censives des pays coutumiers). Ces droits, comme nous l'avons dit, se rapprochent beaucoup du relief, et nous n'y reviendrons pas.

Mais il existe sur les censives un droit de mutation reconnu par la grande généralité des coutumes : c'est le *lods et vente*, dont nous allons nous occuper.

Lods et vente.

Commes les autres droits seigneuriaux de mutation, le lods et vente est de la nature de la censive, mais non de son essence : et il y a des censives qui ne paient aucun droit de mutation.

Le lods et vente frappe, dans les pays de droit coutumier, les mutations de censives ou rotures par vente, échange et actes équivalents. Dans les pays de droit écrit, on ne connaît ni quint ni relief : la vente des fiefs, comme celles des rotures, est frappée du droit de lods et vente ; mais il n'existe aucun droit sur les autres mutations de fiefs, et nous n'y trouvons aucun droit analogue au relief. En **Anjou,** **Maine** et autres coutumes, le quint n'existe point, mais il est remplacé par le lods et vente qui dans ces coutumes frappe à la fois les fiefs et les censives.

Ainsi donc le profit de lods et vente frappe non-seulement les censives, mais encore, dans certaines coutumes, les mutations de fiefs par vente ou autre acte équipollent et par échange. Enfin, en Anjou, il y avait un franc-alleu d'une nature particulière, qui ne devait ni foi et hommage ni cens, et qui cependant devait lods et vente au seigneur du territoire s'il était vendu. Dans les explications que nous allons donner, il n'y a pas à distinguer entre ces différentes applications du droit de lods et vente.

I. — Quel est le taux de ce droit ?

Ce profit est ordinairement du douzième du prix de vente ; dans certaines coutumes, il est du 1/24 : son taux varie entre le 1/3 et le 1/40 du prix. Un certain nombre de coutumes, et entre autres celle de Paris, donnent lods et vente, et ce droit consiste, dans ces coutumes, dans le 1/12 du prix ; d'autres distinguent les lods et ventes payables moitié par le vendeur et moitié par l'acquéreur ; d'autres coutumes encore donnent *ventes* et *venterolles*, et ces venterolles sont à des taux différents suivant les coutumes. Dans le duché de Mayenne, il y a *ventes* et *issues* ; en Poitou et Angoumois, il y a *ventes* et *honneurs*.

Le profit de lods et vente fut d'abord payé moitié par le vendeur et moitié par l'acheteur. Mais, dès le XVIe siècle, c'est l'acheteur seul qui paie ce droit au seigneur dans la plupart des coutumes.

Le lods et vente est assis sur le prix de la vente, et à ce prix il faut ajouter la rente perpétuelle ou viagère ou le douaire en rente que l'acquéreur a pu être chargé de continuer ; mais l'argent donné aux entremetteurs, le pot-de-vin et les arrhes, les frais du notaire, les frais d'adjudication, ne s'ajoutent pas au prix pour le calcul du lods et vente, à moins que les arrhes et le pot-de-vin ne soient

tellement importants qu'il faille les considérer comme une fraction
du prix.

En cas de lésion de plus de moitié, si l'acquéreur menacé de rescision fournit le supplément de prix, le droit est dû sur ce supplément, et il doit être payé au seigneur du temps du contrat.

Le seigneur doit d'ailleurs se contenter du prix porté au contrat
qu'on lui exhibe, à moins qu'il ne prouve la fraude, sauf le droit de
surjet qu'admet la coutume d'Auvergne et sauf le retrait censuel
qu'il peut exercer dans certaines coutumes exceptionnelles.

II. — Quelles sont les mutations qui sont frappées du profit de
lods et vente ?

Le lods et vente est, pour les censives, ce qu'est le quint pour
les fiefs : il frappe toutes les mutations par vente ou par contrat
équipollent à vente, ainsi que les échanges. Comme pour le quint,
Dumoulin enseigne que ce n'est pas la mutation qui produit le
lods, mais que c'est la nature du contrat, *tanquam proprium
subjectum ex quo producuntur.*

Les mutations autres que les échanges, ventes et actes équivalents, sont exemptes du droit de lods et vente ; et, comme pour
les censives il n'existe point d'autre droit que celui-ci, comme il
n'y a pas pour ces biens de droit analogue au droit de relief, les
mutations par succession, donation, etc., sont donc affranchies des
profits seigneuriaux.

Nous avons passé en revue, à propos du profit de quint, les différents contrats qui peuvent donner lieu à ce droit : vente volontaire ou forcée, échange, dation en paiement, etc. Ce sont absolument les mêmes règles pour le lods et vente, et les décisions que
nous avons données relativement au quint, s'appliquent également
au lods et vente. Comme le quint, il ne frappe que les mutations
en pleine propriété ou en nue propriété et non celles en usufruit,
les ventes d'immeubles et non celles de meubles.

Comme pour le quint, la première concession en censive que fait le seigneur ne donne lieu à aucun droit. En outre, il y avait des privilégiés qui étaient exempts des droits de lods et vente dans les domaines du roi : c'étaient les chevaliers de l'ordre du Saint-Esprit, les secrétaires du roi, les membres du Parlement de Paris, de la Chambre des comptes, etc. Un arrêt du Conseil du 26 mai 1771 a supprimé ces différents privilèges.

III. — A partir de quel moment le droit de lods et vente peut-il être exigé par le seigneur ? Il est dû *statim contractu concluso* : ce sont d'ailleurs les mêmes règles que pour le quint.

Les droits de lods et vente sont affermés par certains seigneurs avec les autres profits seigneuriaux, tandis que d'autres le perçoivent directement.

Quels sont les droits du seigneur ou de son fermier pour le recouvrement des lods et ventes ?

D'abord le seigneur a le droit d'exhibition du contrat, que nous avons déjà étudié à propos du quint. Toutefois, pour les censives, il y a une sanction spéciale : c'est que, faute par le nouveau censitaire d'exhiber son contrat dans le délai fixé par la coutume, il encourt une amende *pour vente récélée* : cette amende était de 60 sous parisis (art. 77 de la coutume de Paris). Lorsque le censitaire exhibe son contrat, il doit payer en même temps le lods et vente, sous peine d'encourir l'amende pour vente récélée.

Pour acquitter le lods et vente et exhiber son contrat, le censitaire a un certain délai de souffrance. Ce délai est réglé par la coutume : c'est un délai de vingt jours dans la coutume de Paris ; celle d'Orléans donne quarante jours ; en pays de droit écrit, le délai est d'un an ; si le contrat est sous condition suspensive, le délai ne court que du jour de l'arrivée de la condition.

Le censitaire peut *déprier*, c'est-à-dire demander au seigneur un délai plus considérable pour le paiement du lods et vente, en exhibant de suite son contrat.

Faute de payer le lods et vente dans le délai de souffrance fixé par la coutume, ou de déprier dans le même délai, le censitaire encourt l'amende pour vente recélée. Remarquons toutefois que, si le seigneur reçoit le profit de lods et vente sans réserver l'amende qui a pu être encourue, ce seul fait entraîne la remise de l'amende.

Nous avons expliqué qu'en pays de droit écrit ainsi que dans certaines coutumes, le lods et vente remplace le quint pour les mutations de fiefs : mais alors il n'y a point d'amende pour vente recélée, si le vassal néglige de porter la foi dans le délai de souffrance et d'acquitter en même temps le profit de lods et vente avec exhibition de son contrat.

Quelles sont les voies d'exécution dont le seigneur dispose vis-à-vis de son vassal ou censitaire pour le recouvrement de ses droits ?

Sur les censives, pour faire payer le profit de mutation et l'amende, le seigneur censier a les voies civiles d'exécution (action personnelle, action hypothécaire). En outre, il a un droit particulier, la saisie censuelle. Dans la saisie féodale, on saisit le fonds lui-même ; et, en vertu de cette saisie du fonds, le seigneur perçoit les fruits, qu'il fait siens si elle est faite faute d'homme ou pour devoirs non faits et non payés, et qu'il doit imputer sur sa créance si la saisie est faite faute de dénombrement. Mais, dans la saisie censuelle, le seigneur ne peut saisir que les fruits et non le fonds, excepté en Normandie : on établit des commissaires pour veiller aux fruits et en rendre compte au censitaire lorsqu'il a payé le cens ou les droits de mutation : toutefois, quant aux droits de mutation, la saisie censuelle ne peut avoir lieu que si la coutume le dit expressément.

Sur les fiefs, dans les coutumes qui n'admettent que le lods et vente, le seignéur dominant a, pour l'acquit de ce droit, les voies civiles d'exécution, la saisie civile du fief. Mais, en outre, il peut recourir à la saisie féodale pour devoirs non faits et non payés, que nous avons étudiée à propos du quint.

Dans les pays de droit écrit, on ne connaissait aussi que le lods et vente sur les fiefs : mais le seigneur n'avait pas la saisie féodale pour devoirs non faits et non payés, ou du moins la saisie féodale ne pouvait être employée qu'en vertu d'autorité de justice et après des condamnations obtenues.

Il y a, pour le lods et vente, trois fins de non-recevoir qui peuvent être opposées au seigneur :

1° Le défaut d'opposition aux lettres de ratification. Les lettres de ratification purgent les profits échus, tout en laissant subsister les droits seigneuriaux pour l'avenir.

2° Le seigneur perd encore ses droits, lorsqu'il ensaisine le nouveau censitaire sans réserver le profit, ou lorsqu'il reçoit ce profit sans réserver les anciens profits qui peuvent lui être dus.

3° La prescription de trente ans.

Si le seigneur ne se fait pas payer le lods et vente, celui-ci ne se prescrit que par trente ans. Mais la prescription n'a lieu qu'à l'égard des profits échus, et les lods et ventes ne sont nullement prescrits pour l'avenir : car, en principe, les droits de mutation sont imprescriptibles comme la mouvance elle-même, et la seule possession de ne pas payer, même immémoriale, n'engendre pas la prescription, à moins qu'elle ne soit fondée sur une contradiction formelle du vassal ou sur des titres récognitifs conformes à la possession. Mais la quotité des droits de mutation peut parfaitement se prescrire.

Quant aux droits échus, ils sont prescriptibles par trente ans, et même en Bourgogne par 5 ans : la prescription court du jour où le profit est né et a pu être demandé.

APPENDICE

Le seigneur a un privilège pour le paiement des droits seigneuriaux, et notamment des droits de quint, de relief et de lods et de vente. Il est préféré à tous les autres créanciers, même privilégiés, et se trouve au même rang pour ses droits que les frais de justice et les frais funéraires (Répertoire de Guyot, v° *Droits seigneuriaux*).

Devant quel juge sont portées les contestations entre le seigneur et ses vassaux et tenanciers, relativement aux différents droits de mutation que nous avons étudiés ? Le juge compétent est le juge du seigneur (ordonnance de 1667) : toutefois, si le droit est dénié ou qu'on le prétende moins considérable que celui qui est demandé, la contestation doit être portée devant le juge ordinaire, c'est-à-dire devant celui qui a la juridiction ordinaire sur les parties, indépendamment de leur qualité de seigneur et de vassal.

Si le seigneur qui plaide avec son vassal ou censitaire, est le roi, ou si le roi demande, en dehors de ses directes et mouvances, des droits d'échange qui n'ont pas été rachetés par le seigneur du lieu, quel sera alors le juge compétent ? La compétence en matière domaniale a beaucoup varié ; en dernier lieu, les contestations étaient portées en première instance devant les bureaux des finances, l'appel était interjeté devant le parlement. Les bureaux des finances jugeaient sans appel jusqu'à concurrence de 250 livres en capital ou de 10 livres de rente ; d'ailleurs, même au cas d'appel, les jugements de ces tribunaux devaient être exécutés par provision, à moins que le fonds du droit ne fût contesté.

Peu de coutumes assujettissaient les échanges aux droits de

mutation, mais les édits de mai 1645 et de février 1674 établirent les droits d'échange dans tout le royaume, dans toutes les coutumes qui ne les reconnaissaient point. La déclaration du 20 juillet 1674 ordonna la vente aux enchères des droits d'échange, avec un droit de préférence au profit des seigneurs : les déclarations des 13 mars 1696, 4 septembre 1696, 11 août 1705, 15 février 1715 et 20 mars 1743, sont relatives à cette aliénation des droits d'échange. Presque partout les droits d'échange avaient été rachetés par les seigneurs qui les percevaient désormais à leur profit ; mais cependant il y avait des seigneuries où les droits d'échange n'avaient pas été rachetés, et c'est ce qui explique pourquoi le roi percevait des droits d'échange en dehors de ses mouvances et directes.

Les édits royaux avaient établi sur la plupart des droits domaniaux des *sous pour livre*, qui venaient s'ajouter au principal du droit. Mais ces sous pour livre ne furent jamais appliqués aux droits féodaux de mutation (quint, relief, lods et vente, etc.), même à ceux qui étaient perçus au profit du roi : c'est ce qui est formellement décidé par l'article 6 de l'édit d'août 1781.

Les seigneurs avaient coutume d'accorder des remises sur les droits seigneuriaux de mutation : c'était là un usage général. Cette question fut réglée, dans les directes et mouvances du roi, par un arrêt du Conseil du 16 juin 1771, dont nous allons rapporter ici les principales dispositions.

Les remises à faire sur les droits de mutation auront lieu de la façon suivante :

Si les droits sont de 1,000 livres et au-dessous, il n'est pas accordé de remise.

De 1,000 livres à 7,000 livres, il est fait remise de 1/6 sur ce qui excède 1,000 livres.

De 7,000 livres à 12,000 livres, outre la remise ci-dessus, il est fait remise de 1/5 sur ce qui excède 7,000 livres.

De 12,000 livres à 24,000 livres, outre les remises précédentes, il est fait remise du 1/4 sur ce qui excède 12,000 livres.

Au-dessus de 24,000 livres, outre les remises précédentes, il est fait remise de 3/10 sur ce qui excède 24,000 livres.

Ces remises n'ont lieu que pour les ventes volontaires; il n'en est accordé aucune pour les ventes forcées, soit qu'elles aient lieu en justice ou autrement, en vertu de contrats de cession ou abandon.

Aucune autre remise ne peut être faite; et, pour jouir de ces remises, l'acquéreur doit payer les droits dans les trois mois, faute de quoi il perd le bénéfice de la remise.

En cas de retrait, il n'est point accordé de remise ; et, si les droits de mutation avaient déjà été payés lors du retrait, le retrayant devra acquitter le montant des remises entre les mains des receveurs généraux des domaines.

Cet arrêt du Conseil décide aussi que les droits seigneuriaux de mutation qui appartiennent au roi cesseront d'être affermés, et qu'ils seront perçus directement au profit du roi par les receveurs généraux des domaines et bois. Ces receveurs généraux des domaines furent supprimés par l'édit d'août 1777, et leurs fonctions furent remplies par les administrateurs généraux des domaines. Au surplus, nous reviendrons sur le mode de perception de ces droits domaniaux à la fin du titre II, en parlant du recouvrement des différents droits de mutation compris dans le domaine du roi et dérivant tant de la féodalité (quint, relief, lods et vente, etc.), que du pouvoir législatif du roi et de sa souveraineté (droits de centième denier, d'insinuation, etc.).

En terminant cette étude des droits de mutation sur les fiefs et les censives, remarquons que la perception en fut singulièrement facilitée par l'établissement du contrôle et de l'insinuation. C'est ce qui est dit expressément dans l'édit de 1703 sur les insinuations laïques : « Attendu que rien n'est plus important pour la conservation tant de nos domaines que de ceux de tous les seigneurs, soit ecclésiastiques ou laïques de notre royaume, que d'avoir une connaissance exacte de toutes les mutations qui arrivent dans l'étendue tant de nos mouvances et censives que de celles desdits seigneurs, lesquelles doivent nous produire ou à eux des droits seigneuriaux, dont nous sommes privés aussi bien qu'eux par le soin que prennent les nouveaux possesseurs d'en dérober la connaissance, nous voulons qu'à l'avenir tous contrats de vente, échange, décrets, et autres titres translatifs de propriété de biens immeubles, tenus en fief ou en censive, soit de nous ou des seigneurs particuliers de notre royaume, soient insinués et enregistrés auxdits greffes des insinuations des bailliages ou autres sièges royaux, dans le ressort desquels lesdits biens seront situés. » Prétexte fallacieux pour dissimuler une innovation fiscale et l'établissement d'un impôt onéreux qui allait écraser la propriété foncière déjà épuisée par les longues années de guerre du règne de Louis XIV !

TITRE II

L'enregistrement ne se développa qu'assez tard dans notre pays. François Ier emprunte au droit romain l'insinuation des donations : puis apparaissent, d'abord en 1581, puis en 1693, l'enregistrement sous le nom de *contrôle*, et plus tard le timbre sous le nom de *droit de formule*. Enfin, en 1703, Louis XIV établit le *centième denier.*

Le contrôle comprenait le contrôle des actes notariés (édits de juin 1581 et de mars 1693), celui des actes sous seing privé (édit d'octobre 1705), le contrôle des exploits (édits de 1654 et d'août 1669) et le contrôle des greffes (édit de décembre 1699) : c'était là, en même temps qu'une mesure fiscale, un moyen de donner date certaine à ces actes divers, de prévenir les antidates et les suppositions de titres. Le droit qui était perçu pour le contrôle des actes était bien distinct du centième denier ou du droit d'insinuation : le droit de contrôle était dû par le seul fait de la rédaction d'un acte, d'un écrit, et était en quelque sorte le prix de la formalité de l'enregistrement de l'acte sur les registres du contrôle, tandis que les deux autres droits étaient deux impôts sur les mutations. Toutefois le droit d'insinuation était souvent le prix de la publicité donnée à un acte, quelque chose d'analogue à nos droits actuels de transcription. Il y a enfin un troisième droit de mutation qui ne se perçoit que sur les ventes de meubles, ce sont les *quatre deniers pour livre.* Droit de centième denier, droit d'insinuation, droit de quatre deniers pour livre de la vente des meubles, tels sont les droits de mutation que nous allons étudier.

CHAPITRE PREMIER

Il ne faut pas confondre avec le centième denier qui constitue un droit de mutation, le centième denier qui est perçu annuellement sur les offices : c'est un droit domanial que la plupart des pourvus d'offices royaux sont tenus de payer annuellement (édit de février 1771); c'est ce qu'on appelle la *paulette*.

Il y avait en Artois un centième qui avait été établi par un édit de Philippe II, roi d'Espagne, du 9 septembre 1569, et qui fut l'objet d'un règlement des États d'Artois du 4 novembre 1704, approuvé par lettres patentes du 22 juillet 1705 : c'était un impôt direct sur la fortune mobilière et immobilière des habitants de la province d'Artois. Ce droit du centième reste donc encore en dehors de notre sujet.

Ceci exposé, étudions le centième denier en tant que droit de mutation.

§ 1er. — *Origine du droit de centième denier. Son tarif.*

Le centième denier ne date que du règne de Louis XIV : ce prince dont les dernières années furent attristées par tant de guerres et qui épuisa les richesses du pays pour subvenir aux frais d'une lutte ruineuse contre l'Europe, eut l'idée de créer, en 1703, un droit du centième sur les mutations de propriété ou d'usufruit d'immeubles ou de droits réels immobiliers, en sus du droit de contrôle qui pouvait être perçu sur l'acte constatant ces mutations ; ce fut l'objet de l'édit de décembre 1703.

Une déclaration du 19 juillet 1704 vint ensuite interpréter et développer l'édit de 1703, et régler un grand nombre de détails que cet édit n'avait point prévus.

On peut encore citer l'édit d'octobre 1705, celui d'octobre 1706 et la déclaration du 20 mars 1708.

Le droit de centième denier fut, comme son nom l'indique, un droit de 1 pour 100 sur la valeur des biens transmis, sauf les règles spéciales à l'usufruit que nous étudierons plus loin ; et ce droit établi en 1703 resta fixé au même taux jusqu'au décret des 5-19 décembre 1790, par lequel l'Assemblée constituante réunit les droits de contrôle, d'insinuation, de centième denier et de quatre deniers pour livre des ventes de meubles, en un seul impôt, celui de l'enregistrement.

Mais si le principal du centième denier resta fixé à 1 pour 100, les rois ajoutèrent à ce droit, comme à bien d'autres droits domaniaux, des *sous pour livre*, qui, dans le dernier état de la législation antérieure à la Révolution, s'élevaient à 10 sous pour livre (édit d'août 1781) : c'est là quelque chose d'analogue aux décimes que notre législation actuelle a ajoutés notamment au principal des droits d'enregistrement.

L'édit de 1703 avait ordonné qu'il ne pourrait être perçu plus de 100 livres pour les biens dont le prix ou la valeur excéderait 10.000 livres, mais ce maximum a été supprimé par l'édit d'octobre 1706, qui a décidé que le centième denier serait payé sur la valeur entière des biens.

§ 2. — *Assiette du centième denier. Exemptions.*

1. — Quels sont les biens sujets au droit de centième denier ?

Le centième denier ne frappait que les immeubles réels (fonds de terre, maisons, rentes foncières, droits de justice, de champart, etc.) :

c'est ce qui résulte des édits de décembre 1703 et d'août 1709.
Les meubles étaient exempts de cette taxe ; et, parmi les immeubles,
les immeubles réels étaient seuls sujets au droit de centième
denier, tandis que les immeubles fictifs y échappaient.

Cependant il n'en fut pas toujours ainsi : une déclaration du 20
mars 1748 avait ordonné que tous les actes translatifs de propriété
des immeubles fictifs, tels que les offices et les rentes constituées,
seraient assujettis à l'insinuation et au droit de centième denier, et
que le même droit serait payé pour les dons et legs de meubles et
d'effets mobiliers. Mais une déclaration du 26 décembre 1750
abrogea cette extension du centième denier à partir du 1er janvier
1751.

Par une déclaration du 24 avril 1763, on essaya de rétablir le
centième denier sur les immeubles fictifs et sur les meubles ; mais,
fatigué par la résistance des parlements, on renonça bientôt à cet
impôt, et, par une déclaration du 21 novembre 1763, le roi remit
en vigueur celle du 26 décembre 1750.

Le droit de centième denier s'applique aussi bien aux immeubles
engagés dans les relations féodales qu'à ceux qui sont libres de
toute mouvance, aux fiefs et aux censives comme aux biens en
franc-alleu, franc-bourgage et franche bourgeoisie, et aussi aux
biens qui, d'après les coutumes locales, ne sont sujets à aucun
droit de mutation (édit de décembre 1703 et déclaration du 19
juillet 1704).

Pour savoir si une mutation donne lieu à la perception du
centième denier, on observe les principes qui servent à déterminer
si les biens sont immeubles ou meubles, immeubles réels ou
immeubles fictifs. Ainsi les moulins à eau qui ne sont point fixes
sont exempts du droit de centième denier ; de même les bois de
haute futaie vendus pour être coupés sont meubles, et, par conséquent, ils ne sont pas assujettis au droit, excepté en Normandie

où ils sont réputés immeubles par l'article 463 de la coutume : néanmoins, si les bois vendus sont en coupes réglées, il n'est dû aucun droit, même en Normandie.

Les biens domaniaux qui sortent de la main du roi à quelque titre que ce soit, ne sont pas sujets au droit ; mais, une fois hors la main du roi, ils y sont sujets pour les mutations qui y donnent ouverture (Arrêts du Conseil des 14 mai 1724, 27 janvier 1727 et 25 juillet 1739).

La déclaration du 20 mars 1708 assujettit au droit de centième denier les rentes foncières, les contrats de vente des droits de justice et des autres droits seigneuriaux et honorifiques, *conjointement ou séparément du corps des domaines ou fonds de terre* : ce sont là, en effet, autant d'immeubles réels.

Un arrêt du Conseil du 21 juin 1732 a jugé que le centième denier était dû pour la jouissance du cours d'eau d'une rivière à l'usage d'une forge, et pour un droit de pêche dans la rivière, concédés moyennant une rente. De même la concession du droit de se servir des eaux d'un étang pour le flottage des bois moyennant une rente perpétuelle, entraîne le droit de centième denier (Arrêt du Conseil du 2 juin 1757).

Le droit de centième denier s'appliquait dans tout le royaume, sauf en Lorraine où il était inconnu, parce que la Lorraine formait une souveraineté particulière lors de l'établissement du centième denier.

II. — Sur quelles valeurs le droit est-il perçu ?

Le centième denier est perçu, aux termes de l'édit d'octobre 1706, sur la valeur entière des biens, d'après le prix porté au contrat, ou, à défaut de prix, d'après l'estimation qui en est faite de gré à gré entre le fermier du droit et le propriétaire, sinon d'après l'estimation qui en est faite par experts choisis par les parties ou nommés d'office par le juge.

Un arrêt de règlement du Conseil en date du 18 juillet 1713

décide qu'on ne peut prétendre à aucune diminution ni déduction sous prétexte que des meubles auraient été compris dans le contrat, à moins qu'il n'en ait été fait un état avec un prix particulier pour ces meubles.

III. — Quelles sont les mutations d'immeubles qui peuvent donner lieu à la perception du centième denier ?

Ce sont les mutations de propriété ou d'usufruit d'immeubles réels, de rentes foncières et autres droits réels immobiliers. Le centième denier s'applique d'ailleurs aussi bien aux francs-alleux qu'aux fiefs et aux censives, sans préjudice des droits de quint, de requint, de relief et de lods et vente.

Les contrats qui ouvrent le centième denier sont les suivants : ventes, échanges et décrets ; ventes à réméré ; licitations entre héritiers, copropriétaires et coassociés ; successions collatérales, donations testamentaires et entre-vifs, legs universels et particuliers ; baux à rentes foncières, rachetables ou non rachetables, baux emphytéotiques ; antichrèses, contrats pignoratifs, engagements ; démissions, abandonnements ; ventes à vie, cession de fonds avec fruits, transports, subrogations, résolutions volontaires ; arrêts, jugements et sentences, *et généralement tous les actes translatifs et rétrocessifs de propriété de biens immeubles, les rentes foncières, les contrats de vente des droits de justice et des autres droits seigneuriaux et honorifiques, conjointement et séparément du corps des domaines ou fonds de terre* (édits de 1703 et 1705, déclaration de 1708, arrêt du Conseil du 9 juin 1782).

Sont exemptées les mutations *en ligne directe* par successions *ab intestat* ou testamentaires, legs universels ou particuliers, donations à cause de mort, et donations entre-vifs par contrat de mariage.

Examinons maintenant les principaux cas où il y a lieu au centième denier.

Vente. — La vente donne lieu sans difficulté au centième denier, lequel est perçu sur le montant du prix de vente : il faut d'ailleurs ajouter à ce prix les différentes charges qui peuvent être considérées comme faisant partie du prix.

De même les ventes judiciaires, les décrets, donnent ouverture au droit de centième denier.

Vente conditionnelle, résolution de la vente. — La vente sous condition suspensive ne donne lieu au centième denier que si la condition se réalise, et le droit ne peut être perçu que lors de l'arrivée de la condition.

Quid de la condition résolutoire ?

La vente à réméré est une vente sous condition résolutoire. Elle est translative de propriété, et le droit est dû assurément dès l'instant du contrat. Le droit doit être payé, encore que la faculté de rachat ait été exercée avant la demande du droit et que par conséquent cette vente se fût trouvée sans effet lors de cette demande (*Rép. de Guyot*, v° *Droit de centième denier*).

L'exercice de la faculté de réméré ne donne lieu à aucun droit de mutation, pourvu que le rachat ait lieu dans le délai stipulé et que ce délai n'excède pas neuf années : à défaut de quoi il y aurait rétrocession et par suite droit de mutation.

La déclaration du 20 mars 1708 assujettit au droit de centième denier les résolutions volontaires de vente, ainsi que les jugements, arrêts et autres actes translatifs et rétrocessifs de propriété des biens immeubles; mais, sous ces dénominations, il ne faut pas comprendre les résolutions forcées, qui prononcent la nullité du contrat à raison d'un vice inhérent à l'acte, parce qu'il n'y a eu ni vente ni rétrocession : ainsi un mineur prend des lettres de rescision contre une vente qu'il avait faite avec l'autorisation de son tuteur, ou bien un échange est annulé par la justice parce que l'un des immeubles échangés n'appartenait point à celui qui l'avait cédé en échange; dans ces deux cas, il n'est dû aucun droit ni pour la

vente ni pour la résolution (Arrêts du Conseil du 6 avril **1727**
et du **16** mars **1731**).

Toutefois, même au cas de résolution forcée pour cause inhérente au contrat, le droit de la vente est dû si la résolution ne re-
pose pas sur un vice, sur une nullité du contrat, si par exemple la
résolution a lieu par l'effet d'une condition résolutoire ou à défaut
d'exécution des clauses du contrat : ainsi le réméré même exercé
n'empêche pas que le droit soit dû pour la vente ; il en est de
même au cas de pacte commissoire.

Ainsi il suffit que le contrat ait été parfait pour que le droit de
centième denier soit dû : et la résolution par l'effet d'une clause de
réméré, d'un pacte commissoire ou de toute autre condition résolutoire, expresse ou tacite, légale ou conventionnelle, ne donne lieu
à aucune restitution du droit qui a été perçu pour la vente, et
n'empêche pas la demande de ce droit s'il n'a pas encore été perçu.
Seule la résolution pour un vice du contrat, c'est-à-dire la nullité
du contrat, donne lieu à la restitution du droit de vente s'il a été
perçu.

Quant à la résolution même de la vente, quant à la rentrée du
vendeur en la possession de sa chose, si cette résolution a lieu
pour cause inhérente au contrat, par exemple par l'effet d'une
clause résolutoire, elle n'entraîne aucun droit nouveau de centième
denier, et ce sans aucune distinction. Remarquons toutefois que, pour
le pacte commissoire, la jurisprudence distingue si l'acquéreur n'a
rien payé ou s'il a fait quelque paiement à compte sur son prix :
dans ce second cas, le Conseil du roi décide que la résolution donne
lieu à un nouveau droit de mutation (Rép. de Guyot, v° droit de
centième denier).

Les résolutions pour cause étrangère au contrat et dans la seule
volonté des parties, les résolutions volontaires entraînent, au con-

traire, un nouveau droit de centième denier : ce sont, en effet, des reventes.

Échange. — L'échange donne lieu comme la vente à la perception du centième denier (déclaration du 20 mars 1708) ; et même, comme il y a là une double mutation, le droit est perçu sur la valeur entière des deux immeubles échangés (arrêt du Conseil du 15 juillet 1730).

Toutefois, si dans un partage deux des copartageants échangent des biens à eux attribués, et ce par l'acte même de partage, il n'est dû aucun droit, parce que cet échange fait sans soulte ne peut être considéré comme translatif de propriété, étant fait au moment même où la propriété de chacun est déterminée et par le même acte (arrêt du Conseil du 19 janvier 1732).

Licitation. — Pour le centième denier, la licitation entre cohéritiers, copropriétaires ou coassociés, est assimilée à la vente et non au partage (Déclaration du 20 mars 1708). En conséquence le droit est dû même pour les licitations entre héritiers en ligne directe (Arrêt du Conseil du 3 août 1715).

Bien entendu, le droit n'est perçu que sur la part que le cohéritier ou copropriétaire acquiert à titre de licitation de ses cohéritiers ou copropriétaires, et non sur la valeur entière de l'immeuble licité : car il n'y a de mutation que pour les portions dont il n'était pas propriétaire avant la licitation.

Mais la licitation au profit d'un étranger donne lieu à la perception du droit sur la valeur totale de l'immeuble par lui acquis.

Si l'héritier qui se rend adjudicataire d'un immeuble à titre de licitation, n'a rien à payer à cet égard, parce qu'il a été convenu que les autres héritiers prendraient dans le surplus des biens de la succession une somme égale au prix de licitation, il y a là un véritable partage et il n'est dû aucun droit : telle est la licitation à charge de moins prendre dans les meubles de la succession (Arrêt du Conseil du 23 juin 1731).

L'héritier qui a renoncé à la succession ne peut pas demander la déduction de sa part héréditaire au point de vue du centième denier : il est étranger à la succession, et doit le droit sur la totalité du prix de la licitation prononcée à son profit (Arrêt du Conseil du 9 mars 1737).

Partage. — Le partage sans soulte n'ouvre aucun droit de centième denier. Quant aux soultes et retours de lots, ils sont sujets au centième denier lorsque celui qui en est chargé paie avec d'autres effets que ceux de la succession ; dans le cas contraire, si la soulte est compensée avec d'autres valeurs attribuées aux copartageants, il n'est pas dû de centième denier, car le partage est simplement déclaratif de propriété.

Concession de tenures perpétuelles. — Les concessions de fiefs et de censives, c'est-à-dire les contrats d'inféodation et de bail à cens, donnent lieu au centième denier de la même façon que les mutations qui pourront avoir lieu ensuite dans la propriété de ces fiefs ou censives ainsi concédés.

Il en est de même de l'emphytéose perpétuelle : la concession en emphytéose ouvre le droit de centième denier, ainsi que les mutations postérieures dans le droit d'emphytéose.

Bail à rente foncière. — Le bail à rente rachetable ou non rachetable transmet la propriété au preneur, le bailleur ne conservant qu'un droit réel sur l'immeuble. En conséquence, il est dû un droit de centième denier (édit d'octobre 1705 ; déclaration du 20 mars 1708, etc.). Le droit se perçoit sur le montant de la rente capitalisée au denier 20.

Les baux à rente des biens des religionnaires fugitifs, c'est-à-dire des protestants chassés par la révocation de l'édit de Nantes, passés par le régisseur de ces biens, ne donnent lieu à aucun droit de centième denier, ainsi que la cession de ces baux (arrêts du Conseil des 10 juin 1749 et 9 janvier 1750) : il n'y a là qu'un acte d'administration, et ces baux ne transfèrent aucune propriété (Rép. de Guyot, v° *Droit de centième denier*).

La déclaration du 20 mars 1708 a également soumis au centième denier les cessions et aliénations de rentes foncières : celles-ci sont, en effet, des immeubles réels. Toutefois un arrêt du Conseil du 9 septembre 1775 a ordonné que les actes portant extinction de rentes foncières non rachetables, et ceux par lesquels la faculté de rachat est concédée aux débiteurs, seraient à l'avenir exempts du droit de centième denier.

Bail emphytéotique, bail à longues années. — La déclaration du 20 mars 1708 soumet expressément au centième denier les baux emphytéotiques.

Tout bail de plus de neuf années confère au preneur un droit réel sur l'immeuble, et même, d'après l'opinion dominante, le domaine utile. Aussi, à l'origine, percevait-on le droit de centième denier sur tous les baux dont la durée excédait neuf années. Mais divers arrêts du Conseil sont venus modifier cette matière, et voici les décisions de la jurisprudence :

Les baux à court terme, c'est-à-dire au-dessous de neuf ans, sont exempts du centième denier.

Au-dessus de neuf ans, ce sont les baux à longues années ou emphytéotiques, dont la durée s'arrête à quatre-vingt-dix-neuf ans au maximum. Pour ces baux, il faut distinguer si leur durée n'excède pas trente années ou si elle est supérieure à trente années ; dans le premier cas, il n'est dû qu'un demi-droit de centième denier, tandis que, dans le second cas, on perçoit le droit entier (arrêt du Conseil du 13 mars 1728).

Ces règles, d'ailleurs, ne s'appliquent qu'aux baux de maisons et autres immeubles situés dans les villes et bourgs, et aux baux ayant pour objet la perception de rentes foncières, cens et droits seigneuriaux, sans aucune exploitation rurale faite par le fermier. A l'égard des baux des terres soit incultes, soit en valeur, ou de tout autre bien-fonds de la campagne, qui sont passés par-devant notaires et dont la durée n'excède pas vingt-neuf années, un arrêt du Conseil du 2 janvier 1775 les exempte de tous droits de centième ou de demi-centième denier ; au-dessus de vingt-neuf années, on perçoit le droit entier de centième denier.

Les baux de neuf ans sont exempts ; mais on pourrait frauder le fermier des d oits en faisant différents baux successifs qui n'excéderaient pas neuf ans. De là divers arrêts du Conseil : si le nouveau bail de neuf ans est fait dans la première ou la seconde année du bail de neuf ans en cours, on voit là une fraude et on applique le demi-centième denier, si du moins il ne s'agit pas de baux de terres (arrêt du Conseil du 30 juillet 1717) ; mais, s'il n'y a point de fraude, si le nouveau bail n'est fait qu'après cinq ou six années de jouissance, on ne peut pas exiger le demi-centième denier (arrêt du Conseil du 12 mars 1755).

Si toutefois le second bail apportait un changement aux clauses du premier, et que ce changement dût avoir son effet avant l'expiration du premier bail, soit à l'égard du prix, soit à l'égard des choses données à bail, on percevrait le demi-centième denier, comme si le premier bail était résolu dès ce moment, pourvu que le tout excédât neuf années.

Le droit se perçoit sur le loyer annuel capitalisé au denier 20 : s'il y a des deniers d'entrée, si le bail renferme l'obligation de faire des constructions et améliorations, la valeur de ces constructions et améliorations et les deniers d'entrée doivent être ajoutés au capital du prix annuel pour percevoir le centième denier sur le tout.

Bail à domaine congéable. — La déclaration du 20 mars 1708 assujettit ces baux au centième denier.

Pour l'application du droit, il faut distinguer si le bail n'excède pas neuf années ou s'il est supérieur à neuf années. Dans le premier cas, le droit n'est dû que pour raison des édifices et de la superficie, et ce sur le chiffre des deniers d'entrée ou du prix de cession des superficies. Si le bail excède neuf années, le droit est dû non-seulement pour les superficies, mais encore pour raison du fonds, et ce sur le pied du capital au denier 20 de la redevance annuelle. On suit d'ailleurs pour la quotité du droit les règles que nous avons données sur les baux à long terme. Il en est de même des baux à durée illimitée (Arrêts du Conseil des 16 juin 1719 et 2 septembre 1732).

Le domanier est propriétaire des superficies, lesquelles constituent un immeuble réel : toutes les mutations, soit de colon à colon, soit par l'aliénation qu'en fait le seigneur foncier, entraînent pour la superficie le droit de centième denier. Il n'y a pas d'ailleurs à distinguer à cet égard entre une première concession et une seconde : toute nouvelle concession à domaine congéable entraîne le centième denier pour les superficies ; mais néanmoins le renouvellement du bail au profit du même colon n'entraîne pas le droit de centième denier pour les superficies, puisqu'il n'y a pas de mutation à leur égard.

Si le seigneur foncier cède à un tiers le droit de congédier le domanier, et que ce congément soit exercé, le centième denier se trouve dû parce qu'il y a là mutation de colon.

Mais si le congément est exercé par le seigneur foncier lui-même, il n'est dû aucun droit même pour la superficie qu'il réunit au fonds, parce que, suivant la coutume, cette superficie est considérée comme meuble à l'égard du seigneur seulement. Si d'ailleurs le seigneur fait ensuite un nouveau bail à domaine congéable, le droit sera assurément dû sur la superficie puisqu'il y a mutation à cet égard (Rép. de Guyot, v° *Bail à domaine congéable*).

Bail et vente à vie. — Le bail à vie est fait moyennant une redevance annuelle, et la vente à vie ou vente d'usufruit est faite moyennant un prix une fois payé.

Les baux et ventes à vie donnent lieu au centième denier. S'il s'agit d'une vente à vie, on perçoit le droit entier sur le prix de vente. Pour le bail à vie, il n'est perçu qu'un demi-droit sur le loyer annuel capitalisé au taux ordinaire, ou, ce qui est la même chose, un droit entier sur le capital de la redevance annuelle au denier 10 : à quoi il faut ajouter, pour l'application du droit, les deniers d'entrée s'il y en a, la valeur des constructions ou améliorations que le preneur peut être obligé de faire, etc. (Arrêts du Conseil des 24 décembre 1722, 18 juillet 1724 et 30 janvier 1728).

Les droits dus pour les baux et ventes à vie sont de même dus pour les cessions et rétrocessions de ces baux (Arrêts du Conseil du 28 juin 1749).

Retrait. — Le retrait lignager et le retrait féodal ne donnent lieu à aucun droit de centième denier, pourvu qu'ils soient exercés dans le délai prescrit par les coutumes.

De même le retrait successoral et le retrait litigieux n'ouvrent aucun droit nouveau de mutation.

Antichrèse, contrat pignoratif et engagement. — L'antichrèse est au nombre des actes qui doivent être insinués avec paiement du centième denier.

Les contrats pignoratifs et d'engagement sont expressément assujettis, comme l'antichrèse, au droit de centième denier par la déclaration du 20 mars 1708 (V. arrêts du Conseil du 3 août 1715 et du 29 août 1744).

Démission et cession de biens. — Le droit de centième denier est dû sur les démissions de biens même en ligne directe (sauf les règles que nous exposerons plus loin sur le droit d'insinuation des donations entre-vifs), parce que les édits n'exceptent entre-vifs que les donations en ligne directe par contrat de mariage. Le droit est d'ailleurs perçu sur la valeur entière des biens donnés sans déduction pour cause de réserve d'usufruit ou de pension (Arrêts du Conseil des 8 mars 1718 et 13 février 1751).

Si l'acte de démission contient partage des biens, même avec des soultes entre les donataires, le centième denier n'est perçu que sur la démission, et il n'est rien dû à raison des soultes : car il n'y a qu'une mutation puisque tout se passe en même temps et par le même acte, et que les donataires n'ont pas eu de propriété intermédiaire (Arrêt du Conseil du 12 avril 1753).

Quid pour la cession de biens faite par un débiteur à ses créanciers ? S'il est convenu que les biens seront vendus pour l'acquit des dettes, les créanciers ne sont que mandataires à l'effet de vendre, et il n'est point dû de centième denier ; mais, si les créanciers peuvent conserver les biens ou en disposer à leur gré, il y a mutation de propriété et le centième denier est dû (Arrêt du Conseil du 14 juin 1738).

De même la dation en paiement donne lieu au centième denier sur les immeubles donnés en paiement d'une dette.

Donations entre-vifs. — Les donations entre-vifs sont sujettes tantôt au droit de centième denier, tantôt au droit d'insinuation, et souvent même aux deux droits à la fois. Certaines donations entre-vifs sont exemptes des deux droits, ce sont les donations en ligne directe par contrat de mariage.

Nous nous réservons de traiter ces différentes questions à propos du droit d'insinuation, et nous passerons alors en revue les diverses donations entre-vifs, pures et simples, mutuelles, réciproques, onéreuses ou rémunératoires, entre parents, époux ou étrangers.

Donations à cause de mort, institution contractuelle, donations testamentaires. — Ces actes donnent lieu soit au centième denier, soit au droit d'insinuation, soit aux deux droits à la fois. Nous en parlerons à propos du droit d'insinuation, et nous ferons alors une étude d'ensemble des donations entre-vifs, à cause de mort ou par testament, au point de vue des droits de mutation.

Succession ab intestat. — En ligne directe, il n'est dû aucun droit de centième denier sur les mutations par succession.

Mais, en ligne collatérale, le centième denier est dû dans toutes les coutumes, et c'est toujours un droit entier, c'est-à-dire un droit de 1 pour 100, plus les 10 sous pour livre.

Le droit est perçu sur la valeur totale des immeubles de la succession, et, à cet effet, les héritiers collatéraux sont tenus de faire une déclaration estimative dont nous parlerons à propos du recouvrement du centième denier.

Si les biens sont affermés, le centième denier est dû sur le pied du capital au denier 20 du revenu lors de l'ouverture de la succession, et non sur le prix d'acquisition de l'immeuble. Mais, si les biens ne sont pas affermés, la valeur en sera réglée d'après les titres d'acquisition, pourvu que ceux-ci soient récents ; à défaut de titres récents, l'héritier estime à son gré la valeur des biens dans sa déclaration de succession, sauf le droit de contrôle du fermier du centième denier.

Le droit est dû sur la valeur entière des biens, même de ceux qui sont grevés d'usufruit, sans qu'il soit permis de déduire la valeur de l'usufruit. De même l'héritier ne peut déduire les dettes de la succession, même lorsqu'elles sont hypothécaires.

Le centième denier est dû dès l'instant de l'ouverture de la succession, quand même les personnes habiles à succéder n'auraient pas encore pris qualité d'héritier : et, en conséquence, pour éviter les droits en sus, le centième denier doit être payé dans le délai fixé par les ordonnances, par les personnes habiles à succéder, alors même qu'elles n'auraient pas encore pris de qualité. Le droit est dû, en effet, par le seul fait de l'ouverture de la succession, sans distinguer si elle est acceptée purement et simplement ou sous bénéfice d'inventaire, ou si elle est répudiée et reste vacante. De même les contestations entre héritiers ne peuvent pas retarder le paiement du centième denier, et ce droit doit être acquitté dans les délais sous peine d'encourir le droit en sus.

Les successions vacantes doivent le centième denier, et le curateur à la succession est chargé de l'acquitter, car le droit est dû par le seul fait de l'ouverture de la succession. Si donc un bien immeuble de la succession est adjugé à un créancier en paiement de sa créance ou à toute autre personne, l'adjudicataire doit un second centième denier pour son acquisition, et même, si le premier droit n'a pas été acquitté, il est tenu de le payer, sauf son recours contre la succession (arrêt du Conseil du 26 janvier 1743).

Le droit de centième denier s'applique également aux successions irrégulières. Ainsi le bâtard qui reçoit des immeubles en paiement de la créance alimentaire qu'il a contre la succession de ses père et mère, doit le centième denier comme les héritiers collatéraux : car il ne fait pas partie de la famille de ses parents et ne peut invoquer l'exemption dont jouissent les descendants légitimes. De même le conjoint qui succède à son conjoint doit le centième denier (arrêt du Conseil du 6 juillet 1758). De même enfin le seigneur haut-justicier qui recueille des immeubles par droit de bâtardise, en doit le centième denier comme de tous ceux qui lui viennent par droit de déshérence ou de confiscation : mais, dans les mêmes cas de bâtardise, déshérence et confiscation, le roi ne doit pas de centième denier pour les biens qu'il recueille, bien que le droit de centième denier soit affermé (Rép. de Guyot, v° *Bâtard*).

La coutume de Normandie exclut les femmes de la succession, lorsqu'il y a des mâles, soit en ligne directe, soit en ligne collatérale. La fille a seulement une créance dans la succession de ses père et mère pour sa légitime ou mariage avenant ; si elle vient à mourir sans enfants, ses frères héritent de sa légitime ou mariage avenant, et cependant il n'est dû aucun droit de centième dernier, quoiqu'il y ait là une succession en ligne collatérale : c'est qu'il ne s'agit là que d'une simple créance et non d'un droit réel sur les immeubles. A l'inverse, si la sœur succède à son frère, elle ne peut pas déduire sa légitime et elle doit le centième denier sur la totalité des immeubles (arrêt du Conseil du 24 avril 1755). Enfin si le frère cède à sa sœur des immeubles en paiement de sa légitime, le centième denier est dû parce qu'il y a là une nouvelle mutation (arrêt du Conseil du 28 novembre 1750). ·

Absence. — L'envoi en possession provisoire des biens d'un absent produit les mêmes effets que la succession : il ouvre le droit de centième denier de la même façon et dans les mêmes cas, sauf restitution des droits si l'absent se représente.

Substitutions. — Les substitutions donnent lieu au centième denier et au droit d'insinuation à l'époque de la première mutation, suivant les règles que nous établirons à propos du droit d'insinuation.

Mais, une fois la substitution constituée, et pour les mutations postérieures, il ne peut plus être question que du droit de centième denier; quelles sont les règles à cet égard ?

Les biens-fonds échus aux enfants à titre de substitution par le décès de leurs père et mère, sont exempts du centième denier, soit que la substitution ait été faite originairement en ligne directe ou collatérale, soit que le substitué qui recueille les biens soit parent en ligne directe ou collatérale de celui qui a fait la substitution ; mais le droit est dû lorsque la substitution se trouve ouverte au profit du substitué par le décès d'un collatéral (arrêt du Conseil du 30 décembre 1721).

Usufruit. — Jusqu'ici nous nous sommes occupés des mutations de propriété seulement : cependant nous avons déjà traité de l'usufruit à propos du bail à vie et de la vente à vie, et nous avons vu quel était le droit que l'on percevait alors. Quant aux donations d'usufruit, nous y reviendrons à propos du droit d'insinuation.

Au surplus, le droit de centième denier est dû pour toute mutation d'immeubles en usufruit dans les mêmes cas où il serait dû s'il s'agissait de la propriété.

L'usufruit légal (douaire coutumier, garde noble ou bourgeoise, etc.) n'entraîne aucun droit de centième denier.

La réunion de l'usufruit à la nue propriété n'ouvre aucun droit de centième denier, si cette réunion a lieu par suite de la mort naturelle ou civile de l'usufruitier ; mais, si elle a lieu par une cession gratuite ou à titre onéreux que l'usufruitier fait au nu propriétaire, le droit est dû aussi bien pour l'usufruit légal que pour l'usufruit conventionnel.

D'ailleurs, en matière d'usufruit, le droit n'est que de la moitié du droit qui frappe les mutations de propriété : c'est un demi-centième denier sur la valeur totale du bien ; ou, ce qui est la même chose, on perçoit, si le revenu est connu, un droit entier de centième denier sur le revenu capitalisé au denier 10. Toutefois, s'il s'agit d'une vente ou autre cession faite moyennant un prix une fois payé, on prend pour base le prix total de la vente sur lequel on perçoit un droit entier de centième denier ; mais, si le prix consiste en une rente viagère, on capitalise cette rente au denier 10 pour percevoir ensuite un droit entier de centième denier sur le capital ainsi obtenu, à moins que la rente viagère ne constitue point un prix véritable et ne soit qu'une simple charge imposée à une donation : auquel cas on percevrait le centième denier sur le capital au denier 10 du revenu, ou un demi-centième denier sur la valeur totale du bien.

Quelques mots maintenant sur la nue propriété.

Le nu propriétaire doit payer le droit de mutation sur la valeur totale des biens, sans déduction de l'usufruit ; de sorte que, si un testateur lègue la nue propriété à Primus et l'usufruit à Secundus, Primus devra payer un droit entier de centième denier sur la valeur totale du bien et Secundus un demi-centième denier sur cette même valeur (arrêt du Conseil du 22 mars 1732).

Mais, si la mutation de nue propriété a lieu moyennant un prix, s'il s'agit, en un mot, d'une vente, comme le centième denier doit être perçu, en matière de vente, sur le prix seulement, il s'ensuit que le droit ne sera perçu que sur la valeur de la nue propriété puisque l'acheteur tient compte de l'usufruit dans les offres qu'il fait au vendeur.

§ 3. — *Recouvrement du droit de centième denier.*

I. — Nous avons vu quelles étaient les mutations qui donnaient lieu à la perception du centième denier, et quel était le taux du droit de mutation : examinons maintenant comment on procédait à la liquidation du droit.

S'il y a un prix, comme dans la vente, le fermier du droit ne peut percevoir le centième denier que sur le prix porté au contrat, sauf à démontrer la fraude. Si le prix consiste en une somme fixe, le droit est perçu sur cette somme ; si le prix consiste en une rente, le droit est perçu sur le capital au denier 20 de cette rente si elle est perpétuelle ou au denier 10 si elle est viagère.

A défaut de prix, comme dans un échange ou dans une mutation par succession, le nouveau propriétaire doit faire une déclaration estimative de la valeur de l'immeuble par lui acquis. Cette évaluation doit être faite sur le pied du revenu capitalisé au denier 20, si les biens sont affermés ; sinon, on prend pour

Le Roy   8

base les prix d'acquisition et les loyers des derniers baux, si les titres d'acquisition ou les baux sont récents. Et, à cet effet, le nouveau propriétaire est tenu de représenter les titres de propriété et les derniers baux, à moins qu'il n'affirme n'avoir aucun titre ou bail entre ses mains.

A défaut de baux ou de titres récents, le nouveau propriétaire doit estimer lui-même sous sa responsabilité la valeur des biens qu'il a acquis : mais il est permis au fermier du droit et à ses commis ou préposés de faire procéder par experts convenus ou nommés d'office à l'estimation desdits biens, et les frais de cette expertise sont à la charge du redevable, outre les droits en sus, si les biens se trouvent être d'une valeur supérieure à celle qu'il avait déclarée.

Telles sont les règles de la liquidation du droit de centième denier pour les mutations de pleine propriété. Pour celles qui ont pour objet l'usufruit ou la nue propriété, on suit des règles analogues que nous avons expliquées précédemment.

II. — Où doit être payé le droit de centième denier ?

D'après les ordonnances royales, les contrats, jugements et autres actes translatifs ou rétrocessifs de propriété ou d'usufruit de biens immeubles doivent être insinués aux *bureaux de contrôle des actes et des droits y joints*, et celui qui présente l'acte doit alors payer le droit de centième denier si l'acte y est sujet, et, dans le cas contraire, le droit d'insinuation proprement dit ou droit d'insinuation suivant le tarif, dont nous parlerons dans le chapitre suivant. Si la mutation n'a pas été faite moyennant un prix, il doit être fait, soit dans l'acte lui-même, soit en dehors de cet acte et avant l'insinuation, une déclaration de la valeur de l'immeuble, laquelle est établie d'après les règles exposées ci-dessus.

S'il s'agit d'une mutation par décès, l'héritier qui n'est pas exempt des droits de mutation, doit présenter au bureau de contrôle des actes et des droits y joints, une déclaration détaillée de la valeur et de la consistance des biens qui lui sont échus, et représenter les titres de propriété et les derniers baux. La déclaration doit être certifiée véritable, et l'héritier doit affirmer qu'il y a compris tous les biens sujets au droit de centième denier. En cas d'omission ou de fausse déclaration, il encourt une amende de 300 livres et la peine du droit en sus dont nous parlerons plus loin.

Au surplus, l'insinuation doit avoir lieu, ou la déclaration de succession doit être faite avec paiement immédiat des droits au bureau dans l'arrondissement duquel les biens sont situés ; et, si les biens sont situés dans le ressort de plusieurs bureaux, il faut déclarer à chacun de ces bureaux les biens qui sont situés dans son arrondissement.

III. — Quelles sont les peines et amendes encourues par les redevables, faute de paiement des droits dans les délais fixés par les règlements ?

Les délais qui sont accordés aux redevables pour acquitter les droits de centième denier, ont été déterminés successivement par les édits de décembre 1703, d'octobre 1705 et d'août 1706, et par les déclarations du 19 juillet 1704 et du 20 mars 1708. Le dernier règlement sur cette question est un arrêt du Conseil du 9 juin 1782. D'après cet arrêt, pour tous contrats et actes translatifs et rétrocessifs de propriété et d'usufruit de biens immeubles, par actes authentiques ou sous seing privé, le droit de centième denier doit en être payé dans les trois mois de leur date ; pour les donations entre-vifs, le délai est porté à quatre mois ; enfin, pour les successions *ab intestat* ou testamentaires, legs universels ou particuliers, et autres mutations à titre successif, ou en vertu de dons ou donations mutuelles et autres, qui n'ont effet que par le décès des donateurs ou l'accomplissement des conditions sous lesquelles elles ont été faites, le redevable a un délai de six mois à partir du jour de l'ouverture des successions, substitutions, ou du décès des testateurs, donateurs et autres précédents possesseurs.

Faute d'acquitter le centième denier et les dix sous pour livre dans les délais ci-dessus fixés, le redevable encourt une peine qui, d'après les édits de 1703, 1705 et 1706, et les déclarations de 1704 et 1708, était du triple droit, lequel s'ajoutait au droit simple de centième denier et aux dix sous pour livre : et même, d'après un arrêt du Conseil du 13 juillet 1706, la peine ne pouvait être remise ni modérée, ni réputée comminatoire. Mais l'arrêt du 9 juin 1782 a abaissé la peine à un droit en sus du principal, lequel droit en sus n'est pas sujet aux dix sous pour livre : et cette peine ne pourra être remise ni modérée, ni réputée comminatoire.

Aux termes de l'édit d'octobre 1705, les notaires et tabellions tant royaux que subalternes, les greffiers des différents tribunaux et les autres particuliers ayant droit de passer des actes, sont chargés de faire insinuer et enregistrer, dans la quinzaine à compter du jour de l'acte, tous les contrats, arrêts, jugements et autres actes qui sont sujets à l'insinuation ; ils doivent remplir cette formalité et en payer les droits, en même temps qu'ils soumettent leurs actes au contrôle, à peine de 300 livres d'amende par chaque contravention.

Toutefois il faut excepter les substitutions et donations entre-vifs, lesquelles doivent être insinuées à la diligence des parties ; de même les actes translatifs de propriété des immeubles qui se trouvent situés hors de l'étendue des bureaux où résident les notaires, tabellions et greffiers, doivent être insinués à la diligence des parties ; mais, dans ces deux cas, l'officier qui instrumente doit faire mention dans l'acte qu'il est sujet à l'insinuation, afin que les parties ne puissent alléguer leur ignorance.

En résumé, lorsque l'insinuation doit être faite par l'officier qui a reçu l'acte, elle doit avoir lieu et le droit doit en être payé dans la quinzaine ; mais, si cette formalité incombe aux parties, soit parce que la mutation a eu lieu par décès ou par acte sous seing privé, soit parce que l'officier qui a reçu l'acte est dispensé par l'édit de 1705 de le faire insinuer lui-même, alors on applique les délais de trois, quatre ou six mois qui sont fixés par l'arrêt du 9 juin 1782.

IV. — Quels sont les droits et privilèges du fermier du centième denier pour le recouvrement de ce droit ?

Le fermier est averti des mutations qui ont lieu dans la propriété immobilière, par des extraits que les notaires et greffiers doivent fournir à ses commis et préposés tous les trois mois : ce sont les extraits des actes qu'ils passent et qui sont sujets aux droits d'insinuation ou de centième denier, à l'exception des testaments dont les extraits ne sont délivrés aux commis et préposés du fermier qu'après la mort du testateur. Il y a sur cette question plusieurs règlements, et entre autres un arrêt du Conseil du 18 juillet 1724 qui fixe ce qui doit être payé aux notaires et greffiers pour ces extraits par les fermiers et leurs préposés.

Comme autre garantie de ses droits, le fermier a les amendes et droits en sus dont nous avons parlé et qui ont pour but d'empêcher les dissimulations de mutations et de hâter le recouvrement des droits.

Au surplus, il peut agir par les voies civiles pour arriver au paiement des droits de mutation, et procéder à la saisie des biens du débiteur et à leur vente par décret. Remarquons qu'il y a quelque chose de spécial dans cette procédure : c'est que le fermier peut délivrer des *contraintes* contre les débiteurs des droits de mutation (Rép. de Guyot, v° *contrainte*).

Il a, en outre, un privilège spécial pour raison des droits de mutation : il est, à cet égard, préféré à tout autre créancier, même au bailleur de fonds, tant sur les immeubles sujets à ces droits que

sur les fruits qui en proviennent ; et de plus, s'il s'agit d'une succession, tout ce qui en provient, même en mobilier, lui est aussi
affecté par préférence à tout autre créancier (Rép. de Guyot,
v° *droit de centième denier*).

Le centième denier doit, en matière de succession, être payé en
même temps pour tous les immeubles situés dans l'étendue d'un
bureau quelconque : ainsi l'un des héritiers n'est pas fondé à
demander qu'on reçoive le droit pour la seule portion qu'il prétend
lui appartenir, et il peut être contraint à payer la totalité, sauf son
recours contre ses cohéritiers.

De même, quand un acte est assujetti à l'insinuation, on doit
payer tous les droits qui en sont dus, sans pouvoir le faire insinuer
pour partie ; ce principe ne souffre d'exception que pour les testaments, et seulement en faveur des légataires particuliers qui peuvent faire insinuer leurs legs sans faire insinuer les autres dispositions testamentaires ; mais l'héritier, le légataire universel et
l'exécuteur testamentaire ne peuvent requérir l'insinuation du testament sans payer les droits de toutes les dispositions qu'il contient.

Les contestations qui peuvent survenir entre les cohéritiers soit
sur leur qualité, soit sur la quotité de leurs droits, soit pour toute
autre cause, ne doivent pas faire différer le paiement des droits de
mutation, lesquels doivent être acquittés dans les délais fixés par
les règlements.

Quoique l'usufruitier ne doive qu'un demi-centième denier, le
fermier peut l'obliger lorsqu'il vient acquitter son demi-droit, à
faire l'avance des droits dus pour la nue propriété, sauf son recours
contre le nu propriétaire (Arrêt du Conseil du 26 janvier 1732).

V. — Des contestations peuvent s'élever entre le contribuable et
le fermier des droits pour l'application du centième denier. Quels
sont alors les juges compétents pour statuer sur ces procès?

La connaissance de ces contestations appartient, en première instance, aux intendants dans les villes de leur résidence, et à leurs subdélégués dans le surplus de la généralité. L'appel est porté devant le Conseil du roi. Telle est la compétence déterminée par les déclarations du 14 septembre 1706 et du 15 juillet 1710.

CHAPITRE II

Tous les actes translatifs ou rétrocessifs de propriété ou d'usufruit de biens immeubles doivent être soumis à la formalité de l'insinuation, en vertu des ordonnances royales : et à l'occasion de
cette formalité, on perçoit tantôt le droit de centième denier, tantôt
le droit d'insinuation proprement dit que l'on appelle souvent droit
d'insinuation suivant le tarif.

Nous avons étudié le premier de ces deux droits : il ne nous
reste plus dès lors à examiner que le droit d'insinuation.

§ 1. — *Origine du droit d'insinuation. Son tarif.*

L'insinuation fut établie par François Ier, à l'exemple de l'insinuation du droit romain. Son ordonnance de 1539 décida que
toutes les donations entre-vifs seraient enregistrées dans les cours
et juridictions à peine de nullité, et qu'en tous cas elles ne pour-
raient produire d'effet que du jour de l'insinuation. Le but de cette
institution n'est pas encore fiscal : on perçoit bien une légère rétri-
bution, mais l'intention du législateur est, avant tout, d'assurer la
liberté du donateur et de protéger la famille contre des libéralités
inconsidérées. Mais bientôt l'institution change de caractère, et
l'insinuation est appliquée non-seulement aux donations, mais
encore à tous les actes translatifs et rétrocessifs de propriété de
biens immeubles et à un grand nombre d'autres actes et dispositions, en même temps qu'apparaît un droit nouveau de mutation,
le centième denier, et que l'ancien droit d'insinuation est élevé à
un taux beaucoup plus considérable.

Nous ne ferons point l'historique de l'insinuation : la législation a beaucoup varié à cet égard, et les rois ont rendu de nombreuses ordonnances que nous nous contenterons de citer ici :

Ordonnance de Villers-Cotterets en 1539.

Déclaration de février 1549.

Édit de mai 1553.

Ordonnance de Moulins en 1566.

Déclaration du 10 juillet 1566.

Déclaration du 27 décembre 1612.

Déclaration de mai 1645.

Déclaration du 17 novembre 1690.

Édit de décembre 1703.

Déclaration du 19 juillet 1704.

Édit d'octobre 1705.

Déclaration du 20 mars 1708.

Déclaration du 30 novembre 1717.

Déclaration du 25 juin 1729.

Ordonnance de février 1731.

Déclaration du 17 février 1731.

Lettres-patentes du 3 juillet 1769.

Il faut distinguer l'insinuation à peine de nullité ou légale et l'insinuation bursale. La première est une formalité imposée pour la validité des donations entre-vifs et des substitutions, et dont l'inobservation entraîne la nullité de la libéralité : cette insinuation s'applique à toutes les donations entre-vifs de meubles ou d'immeubles, mutuelles, réciproques, rémunératoires, onéreuses, même à la charge de services et fondations, en faveur de mariage et autres en quelque sorte et manière que ce soit ; de même les substitutions doivent être insinuées à peine de nullité. Toutefois les donations faites par contrat de mariage en ligne directe sont exemptées de la formalité de l'insinuation ; en outre, les donations de meubles, à quelque somme qu'elles puissent monter, sont valables malgré le défaut d'insinuation lorsqu'il y a tradition réelle, et on consacre ainsi la validité des dons manuels ; de même les donations mobilières qui n'excèdent pas 1,000 livres une fois payées, sont affranchies de la peine de nullité en cas de non-insinuation, encore qu'il n'y ait pas eu tradition réelle (déclaration du 17 février 1731).

Telle est l'insinuation légale ou à peine de nullité : elle a lieu sur un registre spécial tenu par les commis du fermier dans chaque bailliage ou sénéchaussée royale ressortissant nûment aux cours : ce registre, coté et paraphé à chaque feuillet par le premier officier du siège, doit être arrêté à la fin de chaque année par le même officier. L'insinuation se fait en transcrivant sur le registre dont il s'agit la donation en entier, si elle est faite par acte séparé ; mais, si elle est renfermée dans un autre acte, il suffit de transcrire littéralement la partie de l'acte qui contient la donation, avec toutes ses charges et conditions, sans en rien omettre. Le défaut d'insinuation ou son irrégularité entraîne une nullité qui peut être opposée par les tiers acquéreurs, créanciers, héritiers, donataires ou légataires, et, en général, par toute personne intéressée, à l'exception du donateur.

L'insinuation bursale n'a qu'un but fiscal, et ce n'est plus une condition de validité des donations : sa sanction n'est pas une nullité, mais une peine pécuniaire consistant dans des amendes et droits en sus. Cette insinuation s'applique non-seulement aux donations entre-vifs et aux substitutions, mais encore à tous les contrats, actes et jugements translatifs ou rétrocessifs de propriété ou d'usufruit, etc.

L'insinuation bursale donne lieu tantôt au droit de centième denier, tantôt au droit d'insinuation proprement dit ou droit d'insinuation suivant le tarif. Dans les deux cas, et indépendamment de l'insinuation à peine de nullité si du moins l'acte y est sujet, il doit être fait un enregistrement de l'acte par extrait, soit sur le registre d'insinuation suivant le tarif, soit sur celui du centième denier, suivant la nature du droit perçu à cette occasion. Cet enregistrement fait pour la comptabilité des droits, doit cependant être assez circonstancié pour faire connaître la nature et la date de l'acte, la désignation des biens et leur valeur, le nom du notaire, le nom, la qualité et le domicile des parties avec l'indication du droit perçu.

Le tarif du droit d'insinuation proprement dit a beaucoup varié : ainsi la déclaration de mai 1645 avait fixé le droit d'insinuation des donations à 6 deniers pour livre, celui des substitutions à 3 deniers pour livre, etc.

Il y eut ensuite un tarif annexé à l'édit de 1703.

En dernier lieu, la quotité de ce droit a été réglée par le tarif du 29 septembre 1722. En voici les dispositions :

1° Donations entre-vifs ou à cause de mort, de meubles ou d'immeubles, à l'exception de celles faites en ligne directe par contrat de mariage ou à cause de mort, et de celles entre-vifs ou à cause de mort qui n'excèdent pas 300 livres en faveur des églises, chapelles, couvents, monastères, hôpitaux et communautés, pour œuvres pies.

Donation de 50 livres et au-dessous, 10 sous.

De 50 à 100 livres, 1 livre.

100 livres et au-dessus, 20 sous pour chaque 100 livres, sans que le droit puisse excéder 50 livres.

Donations et legs qui ne contiennent pas d'évaluation des choses données, 50 livres.

2° Testaments et codicilles en faveur de toutes personnes autres que les descendants en ligne directe, dans lesquels le legs universel ou l'hérédité mobilière ne seront pas évalués : 50, 30, 20, 10, 3 livres ou 1 livre 10 sous, suivant la qualité des testateurs ou donateurs, sans préjudice de l'insinuation des legs particuliers, des substitutions s'il y en a, et du centième denier des immeubles.

3° Chacun des legs faits par testaments, codicilles ou donations à cause de mort, paie les droits fixés par l'article 1ᵉʳ.

4° Dons mutuels entre maris et femmes.

50, 20 ou 5 livres, suivant la qualité du mari. Mêmes droits pour les donations mutuelles et réciproques entre maris et femmes, et autres personnes, qui ne contiendront pas d'évaluation, et ce suivant la qualité de la personne dénommée dans l'acte qui produira le plus fort droit.

5° Substitutions de biens, meubles ou immeubles.

50, 30, 20, 10 ou 5 livres, par chaque substitué, suivant la qualité du substituant, sans qu'il puisse être perçu plus de quatre droits, compris l'institution, en quelque nombre que soient les substitués.

6° Exhérédation, 50 livres.

7° Séparation de corps, séparation de biens, exclusion de communauté entre maris et femmes.

Droits conformément à l'article 4, suivant la qualité du mari.

8° Interdiction des prodigues et des fous, 15 livres.

9° Actes et jugements annulant, cassant ou donnant mainlevée des actes mentionnés aux articles ci-dessus.

Moitié des droits sus-énoncés.

10° Lettres d'anoblissement, réhabilitation de noblesse, légitimation, naturalité, érection de roture en fief, érection en duchés, marquisats, comtés, etc., concessions de justices, foires ou marchés.

100 livres par chaque impétrant.

11° Pour chaque quittance du droit d'amortissement dû par les gens de main-morte, et pour chaque quittance du droit d'indemnité dû au seigneur.

10, 20, 40, 60, 80 ou 100 livres, suivant la valeur des biens amortis.

12° Renonciation à succession.

1, 3 ou 6 livres, suivant la qualité du *de cujus*.

13° Renonciation à communauté entre mari et femme.

1, 3 ou 6 livres, suivant la qualité du mari.

14° Lettres de bénéfice d'âge, lettres et actes d'émancipation, lettres de bénéfice d'inventaire, ou l'inventaire dans les pays où le bénéfice d'inventaire a lieu sans qu'il soit besoin d'obtenir des lettres, actes d'acceptation ou jugements qui permettent de se porter héritier bénéficiaire.

3, 6 ou 15 livres par chaque émancipé, et par chaque acceptant ou héritier bénéficiaire, suivant la qualité du *de cujus*.

15° Nominations de curateur à succession vacante, à substitution, aux interdits, mineurs et autres.

1, 3 ou 6 livres, par chaque succession et par chacun des interdits, mineurs et autres.

16° Contrats d'union et de direction de créanciers, d'atermoiement ou cession de biens, pourvu que les biens soient cédés aux créanciers pour être vendus en direction, 10 livres.

17° Lettres de répit, arrêts, jugements et sentences portant surséance générale, 20 livres.

Il faut d'ailleurs ajouter à chacun des droits d'insinuation dont nous venons d'indiquer le taux, les 10 sous pour livre qui furent établis par l'édit d'août 1781.

Tel est le tarif des droits d'insinuation proprement dits que nous allons maintenant étudier avec plus de détails : nous laisserons de côté l'insinuation légale, pour ne nous occuper que de l'insinuation bursale.

§ 2. — *Assiette du droit d'insinuation.*

A la différence du centième denier, le droit d'insinuation suivant le tarif s'applique aux meubles comme aux immeubles : et, d'un autre côté, tandis que le centième denier s'applique aux mutations qui ont lieu par succession *ab intestat* comme à celles qui ont leur cause dans un contrat ou dans un acte, le droit d'insinuation ne peut frapper que les mutations qui sont constatées par un acte.

Comme droit de mutation, le droit d'insinuation se trouve en concours avec le centième denier, mais seulement lorsqu'il s'agit de mutations d'immeubles à titre gratuit. Lorsqu'il s'agit, au contraire, de mutations de meubles, il n'est et ne peut être question que du droit d'insinuation.

Donations entre-vifs. — Les donations entre-vifs sont assujetties à l'insinuation bursale : quelles sont à cet égard les exemptions, et quel est le droit perçu pour cette insinuation ?

Les donations par contrat de mariage en ligne directe sont exemptes de l'insinuation bursale : il en est de même des donations mobilières qui n'excèdent pas 300 livres et sont faites en faveur des églises, couvents et hôpitaux, pour œuvres pies.

Toutes les autres donations entre-vifs sont assujetties à l'insinuation bursale, et donnent lieu, soit au droit d'insinuation suivant le tarif, soit au droit de centième denier. Nous allons à cet égard examiner trois hypothèses :

1° Si la donation ne comprend que des meubles, ou même des immeubles fictifs sans assiette et qui suivent la personne du donateur, l'insinuation se fait au bureau du siège royal du domicile du donateur, et on perçoit le droit d'insinuation suivant le tarif sur tout ce qui est donné.

Si la donation comprend avec les meubles des immeubles fictifs qui aient une assiette et qui ne suivent pas la personne du donateur, il est dû au bureau du domicile un droit d'insinuation suivant le tarif sur tous les biens donnés ; et, si l'assiette des immeubles fictifs est dans une justice royale différente de celle du domicile du donateur, la donation doit également être insinuée au bureau de la situation des biens, et il y est perçu un droit d'insinuation suivant le tarif, mais seulement sur la valeur des biens qni ont leur assiette dans l'arrondissement de ce bureau.

2° Les donations d'immeubles réels donnent lieu seulement au centième denier, si les immeubles sont situés dans l'étendue de la juridiction royale où le donateur est domicilié. Si tous les immeubles sont situés hors de cette juridiction, il est perçu au bureau du domicile un droit d'insinuation suivant le tarif sur tout ce qui est donné, et aux différents bureaux de la situation des biens un droit de centième denier sur les immeubles situés dans l'arrondissement de chacun de ces bureaux.

Enfin il peut se faire qu'une partie des immeubles soit située dans l'étendue du bureau du domicile et que le surplus soit situé ailleurs : alors le fermier peut percevoir au domicile un droit d'insinuation suivant le tarif sur l'ensemble de la donation ou seulement le centième denier des biens situés dans l'étendue du bureau du domicile, suivant que l'un ou l'autre de ces droits lui donne un avantage plus considérable ; et, pour les insinuations faites ailleurs, il est perçu le droit de centième denier sur les biens situés dans l'étendue de chaque bureau.

3° Enfin la donation peut comprendre à la fois des meubles et des immeubles réels. Si les immeubles sont situés dans l'étendue du bureau du domicile du donateur, l'insinuation n'a lieu qu'à ce bureau, et on perçoit un droit d'insinuation suivant le tarif sur les meubles et le centième denier des immeubles.

Si les immeubles sont situés hors de l'étendue du bureau du domicile, il est perçu au domicile un droit d'insinuation suivant le tarif sur l'ensemble de la donation, et, au bureau de la situation des biens, le droit de centième denier sur les immeubles.

Enfin les immeubles peuvent être situés en partie dans l'étendue du bureau du domicile et en partie ailleurs. Dans ce cas, le fermier peut percevoir au domicile un droit d'insinuation suivant le tarif sur l'ensemble des biens donnés, ou bien un droit d'insinuation suivant le tarif sur les meubles seulement et le centième denier sur les immeubles situés dans l'étendue de ce bureau, selon que l'un ou l'autre mode de perception lui sera plus avantageux. Quant aux immeubles situés en dehors du bureau du domicile, on perçoit pour l'insinuation au bureau de la situation le centième denier de leur valeur.

Telles sont les règles qui servent à déterminer le droit de mutation perçu sur les donations entre-vifs (Rép. de Guyot, Vᵒ Donation) ; cette insinuation doit avoir lieu dans les quatre mois à compter de la date de l'acte.

S'il y a plusieurs donataires, et qu'il y ait lieu au droit d'insinuation suivant le tarif, on doit percevoir un droit pour chaque donataire en proportion de ce qui lui est donné (édit d'octobre 1705). De même, s'il y a plusieurs donateurs, il doit être perçu pour chacun un droit d'insinuation suivant le tarif en proportion de ce qu'il donne.

Lorsque l'insinuation d'une donation donne lieu au centième denier, ce droit est perçu sur la valeur entière des biens, sans déduction des dettes et charges dues sur ces biens, à l'exception seulement des rentes foncières non rachetables dont la constitution est antérieure à la donation. De même il n'y a pas lieu de déduire l'usufruit ou la rente viagère que le donateur a pu se réserver. Enfin, comme nous l'avons déjà vu, si la nue propriété est donnée à une personne et l'usufruit à une autre, la première doit un droit entier de centième denier et la seconde un demi-centième denier.

Lorsque l'insinuation d'une donation est exigée à peine de nullité, le donataire ne peut pas être contraint de la faire insinuer ni d'en payer le droit d'insinuation suivant le tarif. Mais, si cette do-

nation ouvre le centième denier, le fermier peut en exiger le paiement avec les droits en sus : c'est-qu'il y a là une translation de
propriété qui peut être incommutable nonobstant le défaut d'insinuation ; car le donateur ne peut se prévaloir du défaut d'insinuation, et à son égard l'acte est parfait par la seule acceptation du donataire : or, nous avons vu que, pour le centième denier, il suffit
que l'acte ait été parfait pour que le droit soit dû (Rép. de Guyot,
v° *donation*).

Quelques mots maintenant sur certaines donations entre-vifs.

La dot n'entraîne aucun droit de centième denier ou d'insinuation suivant le tarif, lorsqu'elle est constituée par des ascendants
au profit des futurs époux. Mais, si elle émane de collatéraux ou
d'étrangers, cette donation doit être insinuée dans les quatre mois
tant au bureau du domicile du donateur qu'au bureau de la situation des biens, et il est perçu un droit de mutation dont la nature
est déterminée par les règles que nous venons d'indiquer.

La démission de biens, même faite par un ascendant au profit
de ses descendants, entraîne un droit de mutation qui est soit le
droit d'insinuation suivant le tarif, soit le centième denier, soit les
deux droits à la fois, suivant les règles que nous avons données sur
les donations entre-vifs : car la démission de biens doit être insinuée au bureau du domicile du donateur et au bureau de la situation des biens, dans les quatre mois.

Les donations à titre onéreux ou rémunératoire sont assujetties à
l'insinuation comme les donations pures et simples : le droit de mutation qui est fixé de la même façon que pour les autres donations
entre-vifs, se perçoit sur le pied de la valeur entière des biens donnés, sans aucune déduction.

Il existe en Normandie une donation par contrat de mariage
que l'on appelle *don mobil* : c'est un avantage que la femme accorde sur sa dot à son mari pour soutenir les charges du mariage.

Ce don mobil doit être insinué, et les droits doivent en être payés comme pour toute autre donation entre-vifs. Si le don mobil est conditionnel, on ne paie que le droit d'insinuation suivant le tarif dans les quatre mois, sauf à payer plus tard le centième denier des immeubles s'il y a lieu.

Donations conditionnelles ; *révocation et nullité des donations entre-vifs*. — Examinons d'abord certaines donations entre-vifs, subordonnées à l'arrivée d'une condition, qui ont un nom particulier. Ce sont les donations mutuelles, les dons mutuels, et les institutions contractuelles.

Entre époux, on distingue la donation mutuelle et le don mutuel. La donation mutuelle est antérieure au mariage tandis que le don mutuel a lieu au cours du mariage.

Le don mutuel est irrévocable. La coutume de Paris le soumet à l'insinuation dans les quatre mois de sa date : cette insinuation a lieu seulement au bureau du domicile des époux, mais non au bureau de la situation des biens. On ne perçoit que le droit d'insinuation suivant le tarif, sauf à percevoir le centième denier des immeubles au décès du prémourant des époux. Si les immeubles sont situés dans l'étendue d'un bureau autre que celui où a été faite l'insinuation, il faudra au décès du prémourant des époux, et dans les quatre mois de ce décès, faire insinuer le don mutuel au bureau de la situation et y payer le droit de mutation dont nous avons déterminé la nature précédemment, à propos des donations entre-vifs.

La donation mutuelle entre époux, faite par contrat de mariage, est exempte de l'insinuation jusqu'au jour du décès du donateur, à la charge de la faire insinuer dans les quatre mois du décès au bureau du domicile du donateur et au bureau de la situation des biens.

Mais, si la donation mutuelle est faite entre personnes qui ne sont pas unies par les liens du mariage, elle doit être insinuée dans les quatre mois de sa date, au bureau du domicile des donateurs et au bureau de la situation des biens, moyennant le droit d'insinuation suivant le tarif, sauf à payer au décès du donateur le centième denier des immeubles.

L'institution contractuelle doit être insinuée dans les quatre mois au bureau du domicile et au bureau de la situation des biens, à moins qu'elle ne soit faite au profit des futurs époux par un ascendant ; l'insinuation a lieu moyennant le droit d'insinuation suivant le tarif, et le centième denier des immeubles ne sera payé qu'au décès du donateur.

Le douaire préfix, même lorsqu'il excède le douaire coutumier, n'est pas sujet à l'insinuation des donations ; il ne donne ouverture (qu'il soit coutumier ou préfix) à aucun droit d'insinuation ou de centième denier, ni à l'époque du mariage ni même après le décès du mari, et la veuve qui jouit d'un immeuble à titre de douaire ne doit aucun droit de mutation, à moins que le douaire préfix ne soit une véritable donation déguisée.

Il en est de même du douaire des enfants : l'enfant douairier à qui des immeubles sont abandonnés en propriété pour son douaire, ne doit à cet égard aucun droit de mutation.

D'une manière générale, on peut dire que les donations entre-vifs sous condition suspensive, sauf le douaire et la donation mutuelle entre époux, doivent être insinuées dans le délai de quatre mois avec paiement du droit d'insinuation suivant le tarif. Mais le droit de centième denier, s'il y a lieu, ne sera exigible que dans les six mois à compter du jour où la condition sera arrivée, sans déduction du droit d'insinuation perçu précédemment (arrêt du Conseil du 12 janvier 1723).

Quant à la condition résolutoire, elle n'empêche pas que l'on perçoive le droit d'insinuation suivant le tarif et même le centième denier, s'il y a lieu, sans restitution. En outre, s'il intervient un acte ou un jugement constatant la résolution d'une donation, il y a lieu à la perception d'un demi-droit d'insinuation suivant le tarif, mais il n'est dû aucun droit de centième denier pour cette résolution.

Quid de la révocation des donations entre-vifs ?

La révocation pour cause d'ingratitude, de survenance d'enfants ou par l'effet d'une clause de retour, etc., est une véritable condition résolutoire dont l'effet vient à se réaliser ; les droits perçus ne sont pas restitués, mais il n'est dû aucun droit de mutation pour la révocation, si ce n'est un demi-droit d'insinuation suivant le tarif sur l'acte ou le jugement qui constate la résolution de la donation.

Quant à la révocation volontaire des donations, non-seulement elle ne donne pas lieu à la restitution des droits perçus, mais encore elle ouvre de nouveaux droits de mutation.

Quid de la nullité des donations entre-vifs ?

La donation peut être résolue pour un vice inhérent au contrat, pour cause de nullité : dol, défaut de consentement, incapacité des contractants, etc. Dans ce cas, il y a lieu à la restitution des droits de centième denier qui ont pu être perçus : mais les droits d'insinuation suivant le tarif ne sont pas restitués, parce qu'ils sont le salaire d'une formalité qui a été remplie, et même, s'il n'a été perçu pour l'insinuation que des droits de centième denier, la restitution ne peut être demandée que sur ce qui excède le droit d'insinuation suivant le tarif. En outre, il est perçu un demi-droit d'insinuation suivant le tarif sur les actes ou jugements constatant la nullité du contrat de donation, lesquels doivent être insinués au bureau du domicile du donateur et au bureau de situation des biens.

Donations à cause de mort. — Les donations à cause de mort ne peuvent être faites que dans la forme des testaments ou codicilles, à moins qu'elles ne soient faites par contrat de mariage. Elles doivent être insinuées dans les quatre mois de leur date, si elles sont faites par contrat de mariage ; sinon, dans les quatre mois du décès

du donateur, et la nature du droit perçu à cette occasion est déterminée par les mêmes règles que pour les donations entre-vifs.

Les donations à cause de mort faites par testaments ou codicilles
en ligne directe, sont exemptes des droits d'insinuation et de centième denier (déclaration du 2 août 1707).

Au surplus, les règles sur la résolution et la nullité des donations entre-vifs sont également applicables aux donations à cause
de mort.

Substitutions. — Les substitutions doivent être insinuées dans
les six mois de leur date, si elles sont faites par actes entre-vifs ;
sinon, dans les six mois du décès du substituant. L'insinuation
doit avoir lieu au bureau du domicile du substituant et au bureau
de la situation des biens. Le droit perçu à cette occasion est soit le
droit d'insinuation, soit le centième denier, suivant les règles que
nous avons établies pour les donations entre-vifs.

Aux termes d'un arrêt du Conseil du 5 août 1732, il ne peut
pas être perçu plus de quatre droits d'insinuation, compris l'institution, en quelque nombre que soient les héritiers institués ou légataires grevés de substitution.

Donations testamentaires. — Les donations testamentaires,
legs universels ou particuliers, sont soumis à l'insinuation : le testament ou codicille doit être insinué dans les quatre mois du décès
moyennant un droit d'insinuation suivant le tarif, et, en outre, chacun des legs paie un droit de mutation conformément aux règles sur
les donations entre-vifs.

Remarquons que le légataire particulier peut faire insinuer son
legs sans être obligé de faire insinuer les autres dispositions du
testament.

Outre les donations entre-vifs ou à cause de mort, les donations
testamentaires et les substitutions, l'insinuation s'applique encore
à toutes les autres mutations de propriété ou d'usufruit d'immeu-

bles ; mais ici le droit de mutation consiste toujours dans le centième denier.

Il y a enfin, en dehors des mutations de propriété ou d'usufruit, un certain nombre d'actes ou de clauses qui sont sujettes au droit d'insinuation suivant le tarif, et à ce droit seulement. Ce sont : les clauses de contrat de mariage portant exclusion de communauté, les séparations de biens judiciaires, les séparations de corps et d'habitation, les renonciations à succession ou à communauté, les exhérédations, et les arrêts et jugements prononçant la nullité de ces exhérédations, les interdictions des fous et des prodigues et les arrêts et jugements portant mainlevée de ces interdictions, les lettres de bénéfice d'âge, d'inventaire et actes d'émancipation, les contrats d'union et de direction de créanciers, ceux d'atermoiement et de cession de biens, les jugements nommant des curateurs à successions vacantes, à substitutions, à gens en démence et autres, les lettres d'anoblissement et d'amortissement, de légitimation et de naturalité, celles de réhabilitation de noblesse, les érections de terres en marquisat, comté, baronnie et autres titres de dignité, les érections de rotures en fiefs, les concessions de justice, foires ou marchés. Mais il ne s'agit plus là de droits de mutation, et, en conséquence, nous ne nous étendrons pas plus longtemps sur cette application particulière du droit d'insinuation.

§ 3. — *Recouvrement du droit d'insinuation.*

Le droit d'insinuation suivant le tarif est liquidé de la même façon que le centième denier : on capitalise le revenu au denier 20, ou, si les biens ne sont pas affermés, on évalue les biens d'après les derniers baux et titres d'acquisition ; à défaut de baux ou titres récents, le donataire évalue les biens lui-même, sauf au fermier du droit à provoquer une expertise en cas de contestation.

Pour l'usufruit, on capitalise le revenu au denier 10 seulement ; quant à la nue propriété, on l'évalue sans déduction de l'usufruit.

Le droit d'insinuation se paie dans chacun des bureaux où les actes sujets à insinuation doivent être enregistrés, c'est-à-dire au bureau du domicile du donateur et au bureau de la situation des biens, si du moins ce droit n'est pas remplacé par le centième denier conformément aux règles que nous avons étudiées dans le paragraphe précédent.

Pour les donations entre-vifs et les substitutions, l'insinuation ne peut avoir lieu que dans les bureaux établis près des bailliages et sénéchaussées ressortissant nûment aux cours. Les autres actes peuvent être insinués dans les bureaux ordinaires.

Lorsque l'insinuation, en même temps qu'elle est bursale, est exigée aussi par les ordonnances à peine de nullité, c'est-à dire en cas de donation entre-vifs ou de substitution, le fermier n'est pas en droit d'obliger le redevable à faire insinuer : car celui-ci est seul juge de son intérêt, c'est à lui seul qu'il appartient de décider s'il doit ou non encourir la nullité faute d'insinuation. Et si le fermier a perçu les droits par voie de contrainte, il est toujours condamné à restituer. Ceci d'ailleurs ne s'applique qu'au droit d'insinuation suivant le tarif : mais le centième denier peut toujours être exigé, comme nous l'avons fait remarquer précédemment.

Mais lorsque l'insinuation est purement bursale, le fermier peut forcer les parties à faire insinuer, et il peut percevoir les droits par voie de contrainte.

Nous avons fixé les délais d'insinuation en étudiant les différents contrats qui donnent lieu au droit d'insinuation : ces délais ne s'appliquent qu'au cas où l'insinuation a lieu à la diligence des parties. C'est ce qui a toujours lieu pour les donations entre-vifs et les substitutions. Quant aux autres actes translatifs ou rétrocessifs de propriété, ils doivent être insinués à la diligence des notaires et greffiers qui les ont reçus, et ce dans la quinzaine, mais seulement dans les cas et sous les conditions que nous avons déterminés à propos du centième denier (édit d'octobre 1705).

Faute d'insinuation dans les délais, le redevable encourt la peine du double droit (déclaration du 17 février 1731) : cette peine ne s'applique d'ailleurs qu'au droit d'insinuation suivant le tarif.

Les droits et amendes se prescrivent par trente ans.

Pour faciliter le recouvrement des droits d'insinuation et de centième denier, les notaires et greffiers sont obligés de remettre au fermier, de trois en trois mois, des extraits des actes qu'ils passent et qui sont sujets à ces droits.

Au surplus, on ne peut se servir en justice d'un acte sujet à insinuation, ni passer d'autres actes en conséquence, ni en faire quelque autre usage public, avant qu'il ait été insinué, et ce sous peine d'amende.

Le fermier peut d'ailleurs délivrer des contraintes contre les redevables : il peut les poursuivre par les voies civiles d'exécution et saisir les biens : il a, en outre, un privilège sur ces biens ainsi que sur les fruits qui en proviennent.

Si des contestations s'élèvent entre le fermier et le redevable, le procès est porté devant l'intendant ou son subdélégué, sauf appel au Conseil du roi.

CHAPITRE III

En vertu d'un édit de février 1771, il est perçu un droit de quatre deniers pour livre sur le prix des ventes de meubles faites par les jurés-priseurs-vendeurs de meubles. Ce droit est attribué à ceux qui ont acheté ces offices.

Dans les lieux où ces offices n'ont pas été achetés, les quatre deniers pour livre appartiennent au roi, et ceux qui, n'étant pas pourvus de ces offices, ont le droit de faire des ventes publiques de meubles, sont tenus de rendre compte des quatre deniers pour livre entre les mains du fermier des droits domaniaux.

Il n'y a point de sous pour livre sur ce droit de mutation (Edit d'août 1781, article 17).

La prescription de ce droit a lieu par trente ans.

La compétence pour les contestations relatives à ce droit est la même que pour les droits d'insinuation et de centième denier : l'affaire est soumise à l'intendant ou à son subdélégué, sauf appel au Conseil du roi.

V. Moreau de Beaumont, mémoires sur les impositions et droits, tome V.

APPENDICE

Nous allons examiner rapidement l'administration qui était chargée du recouvrement des différents droits de mutation que nous avons examinés jusqu'ici.

L'édit de décembre 1703 avait créé des greffiers des insinuations laïques pour remplir la formalité de l'insinuation et percevoir les droits d'insinuation et de centième denier : ces droits, d'ailleurs, leur appartenaient comme émoluments de leurs offices.

Mais ces offices furent supprimés par l'édit d'octobre 1704, et les greffiers furent dès lors des commis des fermiers généraux ou de leurs sous-fermiers, qui peuvent les révoquer à leur gré.

Les droits d'insinuation et de centième denier firent longtemps partie du bail de la ferme générale : mais ils en furent distraits en 1780, et confiés aux administrateurs généraux des domaines qui les perçoivent pour le compte du roi.

Le droit de centième denier et celui d'insinuation n'étaient pas perçus dans les provinces d'Alsace, de Flandre, de Hainaut, d'Artois et de Cambrésis, lesquelles étaient abonnées. Les droits de sceau en tenaient lieu en Lorraine. Enfin ces droits étaient aliénés au duc d'Orléans dans l'étendue de son apanage.

Il serait trop long d'exposer ici l'organisation de la ferme générale : on sait que le bail était consenti au profit d'un prête-nom appelé adjudicataire général, et que celui-ci avait un certain nombre d'associés, ses cautions, qu'on appelait fermiers généraux. Les fermiers généraux avaient des intéressés qu'on nommait sous-fermiers ou croupiers suivant les conditions qui réglaient leurs rapports avec les fermiers généraux.

Aux termes de l'édit d'août 1669, le roi avait un privilège sur tous les biens des fermiers de ses domaines : meubles et deniers comptants, immeubles et offices.

Pour assurer le recouvrement des impôts de leur bail, les fermiers généraux avaient certains droits : d'abord la contrainte par corps, dans les cas seulement où elle est expressément mentionnée par les ordonnances; et dans ces cas, assez rares d'ailleurs, le contraignable n'est point admis au bénéfice de la cession de biens.

Ensuite, un privilège général sur les meubles, qui les fait préférer même à ceux qui ont prêté leurs deniers pour les acheter. Ce privilège n'a lieu que pour les droits du roi, et non pour les amendes et dépens.

Les condamnations sont, en ce qui concerne les droits, exécutées nonobstant l'appel et sans y préjudicier, et les cours ne peuvent accorder aucun sursis ; mais, quant aux dépens, l'appel est suspensif.

Deux ans après l'expiration du bail, on ne peut former aucune action relative au bail contre les fermiers, leurs veuves, enfants et héritiers, même pour restitution de droits payés à tort (Déclaration du 20 janvier 1699). D'après la même déclaration, le fermier est déchargé de la représentation de tous registres, dix ans après l'expiration du bail.

V. *Collection de jurisprudence* de Denisart, v° *Fermes du roi.*

Un règlement du 9 janvier 1780 institua trois grandes compagnies pour la perception des différents impôts et droits domaniaux : l'une, appelée *ferme générale,* fut chargée de la perception des traites ; la seconde, appelée *régie générale,* fut chargée du recouvrement des aides et autres droits analogues ; enfin la troisième compagnie prit le nom d'*administration générale des domaines et des droits domaniaux* ; ce fut cette dernière à qui fut confié le recouvrement des droits d'insinuation, de centième denier et de quatre deniers pour livre des ventes de meubles.

Les profits seigneuriaux de mutation, dont le roi jouissait dans ses directes et mouvances, furent d'abord compris dans le bail de la ferme générale. Ils en furent ensuite distraits et attribués aux receveurs généraux des domaines et bois (arrêt du Conseil du 16 juin 1771) : ces droits furent alors perçus au profit du roi par les receveurs généraux, sous le contrôle de la Chambre des comptes, et ceux-ci pouvaient, pour le recouvrement des droits, commettre tel nombre de commis qu'ils jugeaient convenable, même se servir des employés des fermiers généraux.

L'édit d'août 1777 supprima les receveurs généraux des domaines et bois, et la régie des domaines et des profits seigneuriaux fut confiée aux administrateurs généraux des domaines : ce qui fut confirmé par le règlement du 9 janvier 1780.

Ainsi donc, en dernier lieu, tous les droits de mutation tant royaux que féodaux sont perçus par l'administration générale des domaines et des droits domaniaux.

En terminant cette étude des droits de mutation sous l'ancienne monarchie française, où nous avons cherché à résumer le dernier état de la législation et de la jurisprudence, nous ne pouvons nous empêcher de constater la confusion et les incohérences de ce système : c'est qu'il n'y a eu jamais de législation uniforme sur ces matières, et les jurisconsultes et les magistrats avaient à concilier et à appliquer concurremment les coutumes générales et locales, les ordonnances royales et souvent même le droit romain. Dans cette législation, le redevable ne savait ce qu'il devait payer, et se trouvait à la merci du seigneur ou du fermier des droits. Aussi voit-on, en 1775, Malesherbes adresser au roi, au nom de la Cour des aides, les remontrances suivantes : « Votre Majesté saura que tous les droits de contrôle, d'insinuation, de centième denier, qui portaient sur tous les actes passés entre les citoyens, s'arbitrent suivant la fantaisie des fermiers ou de leurs préposés ; que les prétendues lois sur cette matière sont si obscures et si incomplètes, que celui qui paie ne peut jamais savoir ce qu'il doit ; que souvent le préposé ne le sait pas mieux, et qu'on se permet des interprétations plus ou moins rigoureuses, suivant que le préposé est plus ou moins avide ; qu'il est notoire que tous ces droits ont eu sous un fermier une extension qu'ils n'ont pas eue sous d'autres. D'où il résulte évidemment que le fermier est le souverain législateur dans les matières qui sont l'objet de son intérêt personnel. »

En 1780, la perception des différents droits de mutation est attribuée à l'administration générale des domaines et des droits domaniaux ; mais il ne paraît pas que ce changement ait amené aucune espèce d'amélioration dans la perception des droits : car, en 1787, un tableau absolument semblable au précédent nous est fait par Dupin, avocat au Parlement, dans son *Extrait des instructions sur diverses questions relatives au droit de contrôle, d'insinuation et de centième denier,* publié au nom des Etats de Languedoc de qui il avait reçu mission.

BIBLIOGRAPHIE

Loisel. — *Institutes coutumières.* Paris, 1846.

Ragueau. — *Glossaire du droit français,* revu par Laurière. Paris, 1704.

Dumoulin. — Commentaire sur le titre des fiefs de la coutume de Paris. V. *Coutumes de la prévosté et vicomté de Paris, avec les notes de M° C. Dumoulin.* Paris, 1709.

Pothier. — *Coutumes des duché, bailliage et prévôté d'Orléans, et ressort d'iceux* (Introduction au titre des fiefs). Orléans, 1776.

Pocquet de Livonnière. — *Traité des fiefs.* Paris, 1729.

Hervé. — *Théorie des matières féodales et censuelles.* Paris, 1785-1788.

De la Tournerie. — *Traité des fiefs à l'usage de la province de Normandie.* Rouen, 1772.

Guyot. — *Institutes féodales.* Paris, 1753.

Guyot. — *Traité des fiefs.* Paris, 1738-1753.

Salvaing de Boissieu. — *De l'usage des fiefs et autres droits seigneuriaux en Dauphiné.* Grenoble, 1731.

Boutaric. — *Traité des droits seigneuriaux et des matières féodales.* Toulouse, 1741 et 1751.

Laplace. — *Introduction aux droits seigneuriaux.* Paris, 1749.

Laplace. — *Dictionnaire des fiefs.* Paris, 1757.

Goetsmann. — *Traité du droit commun des fiefs.* Paris, 1768.

Cabanel. — *Maximes générales sur les droits domaniaux et seigneuriaux.* Paris, 1753.

LEFEBVRE DE LA PLANCHE. — *Traité du domaine.* Paris, 1764-1765.

MOREAU DE BEAUMONT. — *Mémoires sur les impositions et droits.* Paris, 1787-1789.

BOSQUET. — *Dictionnaire raisonné des domaines et droits domaniaux.* Rouen, 1762. Rennes, 1782.

Encyclopédie méthodique. (*Jurisprudence*) Paris, 1782-1787. (*Finances*) Paris, 1784-1787.

GUYOT. — *Répertoire universel et raisonné de jurisprudence.* Paris, 1784-1785.

DENISART. — *Collection de décisions nouvelles et de notions relatives à la jurisprudence.* Paris, 1771, et 1783-1790.

CLAMAGERAN. — *Histoire de l'impôt en France.* Paris, 1868-1876.

TROISIÈME PARTIE

Des droits de mutation d'après nos lois actuelles.

L'un des premiers actes de la Constituante fut de s'occuper des droits nombreux que les vassaux et censitaires devaient payer à leurs seigneurs. Après la nuit célèbre du 4 août 1789, où l'on proclama l'abolition de la féodalité, on chercha à supprimer sans violence les droits, profits et redevances que les seigneurs avaient coutume de percevoir dans leurs directes et mouvances. Les lois du 15-28 mars 1790 et du 3-9 mai 1790 déclarèrent simplement rachetables les droits de mutation qui étaient perçus par les seigneurs.

Mais la Législative alla plus loin, et, par la loi du 18 juin-6 juillet 1792, elle abolit tous les droits de quint, relief, lods et vente, etc., sauf au seigneur à justifier qu'ils étaient le prix et la condition de la concession du fonds en rapportant le titre primitif d'inféodation, d'accensement ou de bail à cens. C'est ce que confirma d'ailleurs la loi du 25-28 août 1792.

Enfin la Convention nationale décréta l'abolition définitive de tous les droits seigneuriaux de mutation, sans indemnité ; ce fut l'objet de la loi du 17 juillet 1793.

Quant aux droits de contrôle, d'insinuation, de centième denier et de quatre deniers pour livre du prix des ventes de meubles, la Constituante s'était empressée de les réunir en un seul impôt qui porta désormais le nom d'enregistrement : tel fut l'objet de la loi du 5-9 décembre 1790.

L'impôt de l'enregistrement fut modifié et remanié par les lois du 16-18-27 mai 1791 et du 29 septembre-9 octobre 1791 sous la Constituante, par celles du 9 pluviôse an IV, du 14 thermidor an IV et du 9 vendémiaire an VI sous le Directoire, avant d'arriver à la grande loi du 22 frimaire an VII, qui est aujourd'hui la base fondamentale de la législation sur l'enregistrement.

Il nous reste maintenant à étudier comment nos lois actuelles ont traité la question des droits de mutation.

TITRE Ier

DES MUTATIONS DE MEUBLES

Il y a certains meubles qui, à raison de leur nature, sont soumis à des règles particulières : ce sont les fonds de commerce, les
navires, les effets négociables et les valeurs mobilières. Mais, avant
de nous en occuper, exposons sommairement la théorie des droits de
mutation sur les meubles en général.

CHAPITRE PREMIER

DES MEUBLES EN GÉNÉRAL.

Opérées entre-vifs, les mutations de meubles ne sont assujetties
à l'enregistrement que lorsqu'elles font l'objet d'actes publics, c'est-
à-dire d'actes que leur forme oblige à faire enregistrer dans un délai déterminé. Dans tous autres cas, elles sont dispensées du droit
de mutation et ne doivent être soumises à la formalité de l'enregistrement et au paiement des droits proportionnels qui peuvent y être
attachés, que dans le cas où on aurait à en faire usage soit en justice soit dans un acte public.

Notons ici la disposition de la loi du 11 juin 1859, qui permet
de faire enregistrer provisoirement au droit fixe de 3 francs les
marchés commerciaux produits en justice ou énoncés dans un acte
public, sauf à payer le droit proportionnel lors de l'enregistrement

du jugement portant condamnation ou de l'acte public rédigé en conséquence du marché, et seulement sur le montant de la condamnation ou des dispositions de l'acte public.

Si les mutations ont lieu par décès, les meubles sont alors assujettis dans tous les cas au droit de mutation, soit qu'il s'agisse d'une succession *ab intestat,* soit que la mutation ait lieu par legs ou autrement : le droit de mutation doit être acquitté dans les six mois du décès.

Le droit de mutation s'applique, pour les meubles comme pour les immeubles, aux mutations de propriété ou d'usufruit et aux mutations de jouissance.

Quel est le tarif des droits d'enregistrement sur les mutations de meubles soit en propriété soit en usufruit? On distingue si la mutation a lieu entre-vifs ou par décès, à titre gratuit ou à titre onéreux, entre parents ou entre étrangers, comme l'indique le tableau ci-

INDICATION DU DEGRÉ DE PARENTÉ DES HÉRITIERS, LÉGATAIRES, DONATAIRES OU PARTIES CONTRACTANTES	TARIF DES DROITS DE MUTATION			
	Par décès	Entre-vifs		
		à titre gratuit		à titre onéreux
		par contrat de mariage.	hors contrat de mariage	
En ligne directe............	1 %	1.25 %	2.50 %	
Entre époux................	3 %	1.50 %	3 %	
Entre frères et sœurs, oncles et tantes, neveux et nièces....	6.50 %	4.50 %	6.50 %	
Entre grands-oncles et grand'-tantes, petits-neveux et petites-nièces, cousins-germains	7 %	5 %	7 %	2 %
Entre parents au-delà du 4e degré jusqu'au 12e degré......	8 %	5.50 %	8 %	
Entre étrangers............	9 %	6 %	9 %	

Les successeurs irréguliers (enfants naturels ou époux survivant) sont assimilés aux étrangers, lorsqu'ils ne sont appelés à la succession qu'à défaut de parents au degré successible (loi du 28 avril 1816, art. 53).

dessus (Lois du 22 frimaire an VII, art. 69 ; du 28 avril 1816, art. 53 ; du 18 mai 1850, art. 10 ; et du 21 avril 1832, art. 33). Observons qu'en droit fiscal les mutations par décès comprennent non-seulement les successions légitimes ou testamentaires, mais encore les libéralités soumises à l'évènement du décès ou *donations éventuelles*, c'est-à-dire l'institution contractuelle avec toutes ses variétés et la plupart des donations entre époux.

Notons qu'à chacun des droits de mutation que nous venons d'indiquer, il faut ajouter 2 décimes 1/2 (loi du 30 décembre 1873).

Les partages d'ascendants, quoique faits entre-vifs, sont assimilés aux mutations par décès, et ne sont, par suite, assujettis qu'au droit de 1 % (loi du 16 juin 1824, art. 3, et loi du 18 mai 1850, art. 5).

Certaines ventes, faites dans des conditions particulières, échappent au droit de 2 % et sont soumises à un régime spécial. Ce sont les ventes suivantes :

1° Ventes de meubles et de marchandises faites conformément à l'article 486 du Code de commerce, c'est-à-dire après faillite, 50 centimes par 100 francs (loi du 24 juin 1834, art. 12).

2° Ventes du mobilier du failli, aux enchères, par le ministère des commissaires-priseurs, notaires, huissiers ou greffiers de justice de paix, 50 centimes pour 100 francs (loi du 24 juin 1834, art. 12 ; loi du 25 juin 1841, art. 4 et 10).

3° Ventes publiques de marchandises faites à la Bourse et aux enchères par les courtiers de commerce, *sur l'autorisation du tribunal de commerce* (loi du 15 mai 1818, art. 74), ou, à défaut de courtiers, par les commissaires-priseurs, notaires, huissiers ou greffiers de justice de paix (loi du 25 juin 1841, art. 10), 50 centimes par 100 francs.

4° Ventes volontaires, aux enchères publiques, de marchandises en gros par les courtiers, dans les conditions prévues par le décret du 12 mars 1859 (loi du 28 mai 1858, art. 2 et 4), 10 centimes par 100 francs.

5° Ventes de poissons de mer, frais, secs ou salés (Avis du Conseil d'État du 3 juin 1820 : Instr. 940), exemptes de tous droits.

6° Actes et procès-verbaux de vente de marchandises avariées par suite d'événements de mer et de débris de navires naufragés (Loi du 21 avril 1818 ; loi du 28 février 1872, art. 1), droit gradué. Mais le droit gradué n'est appliqué qu'aux procès-verbaux de vente rédigés par les courtiers de commerce ou d'autres officiers publics, sous la surveillance du receveur des douanes, ou par les commissaires de la marine (Rép. gén., 11678) : toutes autres ventes sont assujetties au droit proportionnel, ainsi que les reventes faites par les acquéreurs de ces débris et marchandises avariées.

Comment liquide-t-on le droit d'enregistrement sur les mutations mobilières ?

Si la mutation a lieu par vente ou autre contrat équivalent, le droit est perçu sur le prix énoncé au contrat et le capital des charges qui peuvent ajouter au prix.

Dans les autres cas (échange, donation, mutation par décès), le droit est perçu sur la déclaration estimative que doivent faire les parties : toutefois, pour les valeurs cotées à la Bourse, le droit est liquidé d'après le cours de la Bourse au jour de l'acte ou du décès (loi du 18 mai 1850, art. 7).

Pour les mutations à titre gratuit, l'usufruit est évalué seulement à la moitié de la valeur de la pleine propriété (loi du 22 frimaire an VII, art. 14, n° 11).

Les valeurs sur lesquelles est assis le droit proportionnel, sont liquidées *sans distraction des charges* ; mais il en est autrement du droit gradué, pour lequel il est fait ordinairement distraction des charges, comme en matière de société, de contrat de mariage, de partage : cependant les procès-verbaux de vente de débris de navires naufragés et de marchandises avariées par suite d'événements de mer, sont sujets au droit gradué sur le prix exprimé en y ajoutant les charges imposées à l'acquéreur, sans déduction des charges qui seraient de nature à diminuer le prix (loi du 28 février 1872, art. 1).

Quant aux mutations de jouissance, voici le tarif :

Baux de biens meubles, baux à cheptel, sous-baux, cessions, subrogations et rétrocessions de baux (loi de frimaire, art. 15 et 69; loi du 16 juin 1824, art. 1), 20 centimes par 100 francs, plus 2 décimes 1/2.

Le droit se perçoit sur le prix cumulé de toutes les années du bail et le capital des charges imposées au preneur, sans distraction de celles qui sont imposées au bailleur.

Toutefois, pour le bail à cheptel, le droit se perçoit, à défaut de prix exprimé, sur l'évaluation du bétail (loi de frimaire, art. 69, § 1, n° 2).

CHAPITRE II

Depuis la loi du 28 février 1872, les mutations de propriété de fonds de commerce ou de clientèles sont assujetties dans tous les cas au droit proportionnel, soit qu'elles aient lieu par décès, soit qu'elles aient lieu entre-vifs, à titre gratuit ou onéreux.

Si la mutation a lieu par décès, on se trouve dans le droit commun des mutations mobilières. Mais, pour les mutations entre-vifs, on s'en écarte en ce que la mutation, même opérée verbalement ou par acte sous seing privé, doit être enregistrée dans les trois mois de l'entrée en jouissance, sans préjudice du délai plus court qui est spécial aux actes publics (V. le titre IV ci-après).

Les droits applicables aux fonds de commerce sont les droits ordinaires des mutations de meubles (V. le tableau de la page 151).

S'il s'agit d'une vente de fonds de commerce, le droit de 2 0/0 est perçu sur le prix de la vente de l'achalandage, de la cession du droit au bail, et des objets mobiliers ou autres, servant à l'exploitation du fonds, à la seule exception des marchandises neuves garnissant le fonds : ces marchandises ne sont assujetties qu'au droit de 50 centimes par 100 francs, pourvu qu'il soit stipulé pour elles un prix particulier, et qu'elles soient désignées et estimées, article par article, dans le contrat ou dans la déclaration faite en cas de mutation verbale (loi de 1872, art. 7).

Les mutations d'usufruit sont-elles comprises dans les dispositions de la loi de 1872 ? Cette loi ne semble parler que des mutations de propriété : cependant M. Garnier assujettit à l'impôt les mutations d'usufruit (*Rép. gén.*, 11612) ; et M. Demante (n° 769) incline vers la même opinion.

Mais la loi de 1872 laisse certainement en dehors de ses dispositions les mutations de jouissance, notamment les locations de fonds de commerce (Dem., *ibid.*).

Nota. — Les clientèles des officiers ministériels sont évidemment en dehors des dispositions de la loi de 1872. La matière demeure reglée par la loi du 25 juin 1841, relative à la transmission des offices.

———

CHAPITRE III

La loi du 28 février 1872 (art. 5) assujettit au droit proportionnel les mutations de propriété des navires, soit totales, soit partielles. Le droit est perçu sur l'acte ou le procès-verbal de vente, soit sur la déclaration faite pour obtenir la francisation ou l'immatriculation au nom du nouveau possesseur.

L'administration a vu dans cette disposition de la loi de 1872 la création d'un impôt de mutation qui doit atteindre toutes les transmissions de navires, de quelque manière et à quelque titre qu'elles s'opèrent : c'est aussi la solution de M. Garnier (Rép. gén., 11651-1). Il en est ainsi pour les mutations de propriété ou d'usufruit (Rép. gén., 11662) : mais rien de semblable pour les mutations de jouissance, on rentre ici dans le droit commun (Rép. gén., 3768).

La disposition de la loi de 1872 ne s'applique d'ailleurs qu'aux bâtiments sujets à francisation ou à immatricule ; quant aux autres bâtiments, ils restent soumis au droit commun des mutations de meubles (Instr. 2444).

Les mutations de navires sont d'ailleurs soumises au tarif ordinaire des droits de mutation (V. page 151).

CHAPITRE IV

I. — Les mutations à titre gratuit des effets de commerce donnent ouverture au droit proportionnel des donations entre-vifs ou des mutations par décès, dans les cas où, de droit commun, les mutations de meubles y sont assujetties.

Opérées entre-vifs à titre onéreux, les mutations d'effets de commerce ont lieu par voie d'endossement : les endossements et acquits sont exempts de la formalité de l'enregistrement, à moins qu'ils n'aient lieu par actes notariés : auquel cas ils doivent être enregistrés dans les délais ordinaires des actes notariés, moyennant un droit fixe de 3 francs (Dem., 502; Rép. gén., 7278-2).

En outre, l'effet doit être enregistré toutes les fois qu'il est reçu par acte notarié, et aussi toutes les fois qu'il en est fait un usage public, notamment en cas de protêt : l'enregistrement est frappé d'un droit proportionnel de 50 centimes par 100 francs, une fois pour toutes (loi du 28 février 1872, art. 10) : c'est plutôt un droit d'obligation qu'un droit de mutation.

II. — Quant aux actions et obligations des sociétés, compagnies ou entreprises quelconques, financières, commerciales ou civiles, et aux obligations des départements, des communes et des établissements publics, la loi fiscale leur fait une situation particulière relativement aux mutations entre-vifs.

Entre-vifs, les cessions d'actions et d'obligations sont toujours soumises au droit de transmission (Lois du 23 juin 1857 et du 16 septembre 1871). S'agit-il de valeurs dont la transmission ne peut s'opérer que par un transfert (titres nominatifs), la transmission est frappée d'un droit de 50 centimes par 100 francs, *sans décimes*, sur la valeur négociée (Loi du 29 juin 1872), sauf le cas de mutation à titre gratuit où on applique le tarif de droit commun. S'agit-il de titres au porteur ou de tous autres dont la transmission peut s'opérer sans un transfert, le droit de transmission est converti en une taxe annuelle et obligatoire de 20 centimes par 100 francs, *sans décimes* (Loi du 29 juin 1872), sur le capital des actions et obligations évalué d'après leur cours moyen pendant l'année précédente ; cette taxe d'ailleurs ne fait pas obstacle à la perception des droits de donation entre-vifs ou de mutation par décès.

La conversion des titres au porteur en titres nominatifs, et réciproquement, donne lieu au droit de transmission de 50 centimes par 100 francs.

Le droit de transmission et la taxe d'abonnement qui en tient lieu ne sont perçus qu'après déduction des versements à faire sur les titres qui ne sont pas entièrement libérés (Loi du 30 mars 1872).

L'impôt sur les actions et obligations est recouvré par les sociétés et compagnies, lesquelles en sont constituées débitrices vis-à-vis du trésor.

Lorsque les actions, intérêts, parts, etc., dans les compagnies et sociétés (quel que soit d'ailleurs le nom donné aux fractions du capital social), ne sont pas négociables, leur cession se trouve en-dehors des dispositions des lois de 1857, 1871 et 1872, et est soumise au droit de 50 centimes par 100 francs, plus deux décimes et demi (loi de frimaire, art. 69, § 2, n° 6), pourvu, bien entendu, qu'elles constituent un droit incorporel mobilier dans le sens de l'article 529 du Code civil, c'est-à-dire dont la transmission s'opère abstraction faite des meubles et des immeubles (Cassat., 29 décembre 1868, 6 mars 1872 : Rép. pér., 2837, 2854, 3418 ; Rép. gén., 15348, 15363 et suiv.).

Les mutations par décès ou entre-vifs à titre gratuit des rentes sur l'État français sont assujetties au droit proportionnel, conformément au tableau de la page 151 (Loi du 18 mai 1850, art. 7) : mais les mutations à titre onéreux sont exemptes de tout droit de transmission.

Nota. — Les actions et obligations des sociétés étrangères et les titres émis par les villes, provinces, corporations étrangères et par tous autres établissements publics étrangers, sont soumis à la taxe annuelle de 20 centimes par 100 francs, sur une quotité du capital social fixée pour une période de trois ans par le ministre des finances, sur l'avis d'une commission spéciale, en raison du nombre présumé des titres circulant en France, sans distinction entre les titres au porteur et les titres nominatifs ; la société étrangère doit, d'ailleurs, constituer un représentant en France, qui sera responsable du recouvrement de l'impôt. Faute de quoi, les titres étrangers ne peuvent être cotés ou négociés en France. V. les décrets du 17 juillet 1857 et du 24 mai 1872.

Les rentes et effets publics des gouvernements étrangers sont assimilés aux rentes sur l'État français au point de vue du droit de transmission, dont ces titres sont exempts pour toute mutation à titre onéreux (Dem., 532-IV).

III. — Les transports, cessions et délégations de créances à terme sont assujettis au droit de 1 0/0 (loi de frimaire, art. 69, § 3, n° 3 ; loi du 5 mai 1855), à moins qu'ils ne contiennent une donation auquel cas on perçoit le droit de mutation à titre gratuit.

Le droit de 1 0/0 se perçoit sur le montant de la créance, et non sur le prix de la cession, excepté dans les adjudications en justice ou devant un notaire commis (Instr. 1307, § 1).

TITRE II

Tandis que les transmissions de meubles sont frappées plutôt d'un droit d'acte que d'un droit de mutation, sauf les mutations par décès, et aussi sauf les règles spéciales à certains meubles d'une nature particulière, les immeubles se trouvent, au contraire, assujettis à un véritable droit de mutation, c'est-à-dire à un impôt qui atteint toutes les mutations de propriété, d'usufruit ou de jouissance, indépendamment de tout acte ou écrit constatant la mutation, et qui doit être acquitté dans un délai déterminé, à peine d'encourir les amendes et droits en sus.

CHAPITRE PREMIER

DES MUTATIONS DE PROPRIÉTÉ OU D'USUFRUIT.

Nous allons étudier successivement les mutations à titre gratuit et les mutations à titre onéreux.

§ 1. — *Des mutations à titre gratuit.*

Les mutations par décès ainsi que les donations entre-vifs donnent lieu à la perception d'un droit proportionnel, dont la quotité est déterminée par la qualité de l'héritier, du donataire ou du légataire, qui recueille les biens.

Ce tarif est indiqué dans le tableau ci-dessous, non compris les deux décimes et demi (lois du 22 frimaire an VII, art. 69 ; du 28 avril 1816, art. 53 et 54 ; du 16 juin 1824, art. 3 ; du 21 avril 1832, art. 33 ; et du 18 mai 1850, art. 10).

INDICATION DU DEGRÉ DE PARENTÉ	TARIF DES DROITS DE MUTATION A TITRE GRATUIT		
	Par décès	Entre-vifs	
		par contrat de mariage	hors contrat de mariage
En ligne directe	1 %	2.75 %	4 %
Entre époux.............................	3 %	3 %	4.50 %
Entre frères et sœurs, oncles et tantes, neveux et nièces......................	6.50 %	4.50 %	6.50 %
Entre grands-oncles et grand'tantes, petits-neveux et petites-nièces, cousins-germains...............................	7 %	5 %	7 %
Entre parents au-delà du 4e degré jusqu'au 12e degré............................	8 %	5.50 %	8 %
Entre étrangers........................	9 %	6 %	9 %

Les successeurs irréguliers (époux survivant ou enfants naturels) sont assimilés aux étrangers, lorsqu'ils sont appelés à défaut de parents au degré successible (loi du 28 avril 1816, art. 53).

Le tableau ci-dessus comprend, pour les mutations entre-vifs, le droit de transcription de 1.50 °/₀ qui, en vertu de la loi du 28 avril 1816 (art. 54), doit être perçu en sus du droit de mutation, lors de l'enregistrement, sur tous les actes qui sont de nature à être transcrits ; moyennant quoi la transcription aura lieu au droit fixe de 1 franc.

Les partages d'ascendants faits entre-vifs sont assimilés aux mutations par décès, et ne paient que le droit de 1 °/₀, auquel il faut ajouter 0.50 °/₀ pour droit de transcription (loi du 21 juin 1875, art. 1), ce qui porte le droit à 1.50 °/₀.

Les substitutions, faites par testament ou par donation éventuelle, sont, à la différence des autres libéralités à cause de mort, expressément assujetties à la transcription (C. civ., art. 1069) ; aussi, en ligne directe, faut-il alors ajouter au droit de 1 °/₀ le droit de transcription de 1.50 °/₀, ce qui fixe à 2.50 °/₀ le tarif des substitutions en ligne directe par testament (Rép. gén., 15618). Mais, en ligne collatérale, le tarif reste conforme au tableau ci-dessus, soit que la substitution ait lieu entre-vifs, soit qu'elle ait lieu par testament ; car il est admis que les droits établis en ligne collatérale par la loi du 21 avril 1832 (art. 33) comprennent le droit de transcription (Dem., 599 et 743 ; Instr. 1399).

Comment liquide-t-on les droits des mutations immobilières ? La valeur imposable est fixée d'après le revenu brut de l'immeuble, sans distraction des charges. Pour les immeubles urbains, on capitalise ce revenu au denier 20 s'il s'agit de la propriété, et au denier 10 s'il s'agit de l'usufruit (loi de frimaire, art. 15). Quant aux immeubles ruraux, le taux de capitalisation est élevé au denier 25 pour la propriété, et au denier 12 1/2 pour l'usufruit (loi du 21 juin 1875, art. 2).

Ce revenu brut est déterminé par le loyer annuel des baux en cours, auquel il faut ajouter les charges imposées au preneur ; à défaut de baux, par une déclaration estimative du redevable, sauf le droit d'expertise réservé à l'administration.

§ 2. — *Des mutations à titre onéreux.*

Les mutations à titre onéreux donnent lieu au droit de 5.50 0/0, dans lequel se trouve compris le droit de transcription (Loi de frimaire, art. 69, § 7, n° 1 ; loi du 28 avril 1816, art. 52) : la transcription est faite au droit fixe de 1 franc.

Le droit de mutation se perçoit sur le prix exprimé, en y ajoutant toutes les charges en capital, sans distraction de celles qui sont imposées au vendeur (Loi de frimaire, art. 15).

Les échanges ne donnent lieu qu'au droit de 3.50 0/0, y compris le droit de transcription (Loi du 21 juin 1875, art. 4). Pour les immeubles ruraux contigus, le droit d'échange est abaissé à 20 centimes par 100 francs, y compris le droit de transcription (Loi du 27 juillet 1870, art. 4), lorsqu'il est justifié, conformément aux énonciations de l'acte : 1° Que l'un des immeubles échangé est contigu aux propriétés de celui des échangistes qui le reçoit ; 2° que les immeubles échangés ont été acquis par les contractants depuis plus de deux ans, ou recueillis par eux à titre héréditaire ; 3° qu'ils sont situés dans le même canton ou dans des cantons limitrophes ; 4° que la contenance de la parcelle contiguë aux propriétés de l'un des échangistes ne dépasse pas 50 ares. En pareil cas, le droit de soulte qui d'ordinaire est de 5.50 0/0, est réduit à 1 0/0 lorsque la soulte n'excède pas le quart de la valeur de la moindre part.

Le droit d'échange est liquidé sur le revenu brut capitalisé au denier 20 pour les immeubles urbains et au denier 25 pour les immeubles ruraux ; et, s'il s'agit d'une mutation d'usufruit, la capitalisation se fait sur le pied du denier 10 ou 12 1/2.

CHAPITRE II

DES MUTATIONS DE JOUISSANCE.

La loi de frimaire avait assimilé les mutations de jouissance aux mutations de propriété ou d'usufruit, et son article 13 établissait des présomptions analogues à celles que l'article 12 avait établies pour les mutations secrètes de propriété ou d'usufruit. Cependant la jurisprudence s'était fondée sur l'article 4 de la loi du 27 ventôse an IX, pour exempter de l'impôt la mutation de jouissance purement verbale : il en résultait qu'en pratique la plupart des baux échappaient au droit de mutation.

Mais la loi du 23 août 1871 (art. 11) a rétabli l'impôt même sur les locations verbales, à l'exception de celles dont le prix annuel n'excède pas 100 francs et dont la durée ne dépasse pas trois ans, et pourvu que le bailleur n'ait pas consenti plusieurs locations de cette catégorie dont le prix cumulé excéderait 100 francs.

Ainsi un véritable droit de mutation frappe les mutations de jouissance (du moins les mutations entre-vifs, car les mutations par décès en sont exemptes : Dem., 683-IV) ; et ceci s'applique non-seulement aux baux, mais encore aux engagements d'immeubles, aux antichrèses (Dem., 101 ; Rép. gén., 2631).

Quel est le tarif des mutations de jouissance ?

1° Baux de biens immeubles, sous-baux, subrogations, cessions et rétrocessions de baux (loi de frimaire, art. 69, § 3, n° 2 ; loi du 16 juin 1824, art. 1), 20 centimes par 100 francs, non compris les 2 décimes 1/2.

Le droit est perçu sur le prix cumulé des années à courir, y compris les charges : mais le paiement du droit peut cependant être fractionné par périodes triennales (loi du 23 août 1871, art. 11).

2° Engagements d'immeubles (loi de frimaire, art. 69, § 5, n° 5), 2 francs par 100 francs, plus les décimes.

Le droit est perçu sur les sommes pour lesquelles l'immeuble est engagé.

Pour les baux de plus de dix-huit ans comme pour l'antichrèse, il n'y a pas lieu d'ajouter au droit de mutation le droit proportionnel de transcription : car la transcription a lieu au droit fixe de 1 franc (Loi du 23 mars 1855, art. 12).

Nota. — Les dispositions de la loi de 1871 sur les locations verbales ne s'appliquent pas aux locations d'appartements meublés et aux baux d'immeubles à colonage ou à portion de fruits : ces baux restent soumis à la jurisprudence antérieure à cette loi (Dem., 99).

TITRE III

Nous allons ici examiner les principaux titres du Code civil en les comparant aux dispositions correspondantes de la loi fiscale.

CHAPITRE I

DES SUCCESSIONS (C. CIV., ART. 718 à 892).

Nous n'étudions ici que les successions *ab intestat* ; les successions testamentaires feront l'objet du chapitre III ci-après.

Les textes à consulter sont les suivants :

1° La loi de frimaire, pour les successions en ligne directe ;

2° La loi du 28 avril 1816, pour les successions irrégulières ;

3° La loi du 21 avril 1832, pour les successions en ligne collatérale ;

4° La loi du 18 mai 1850, qui assujettit les successions mobilières au même tarif que les successions immobilières.

I. — Ouverture de la succession.

La mort naturelle est aujourd'hui la seule cause d'ouverture des successions : c'est par suite le seul fait qui fasse encourir définitivement les droits de mutation par décès. L'absence est assimilée à la mort naturelle au point de vue du droit fiscal (loi du 28 avril

1816, art. 40) : cependant elle n'entraîne que la perception *provisoire* des droits de succession (V. le chapitre II ci-après).

II. — Des différents ordres de succession.

Le tarif des droits de succession varie suivant la qualité de l'héritier, suivant son degré de parenté avec le défunt : nous avons donné le tableau de ces droits précédemment.

L'alliance, bien qu'elle produise en droit civil des rapports de famille semblables à la parenté, ne confère jamais la qualité de successible, et par suite les alliés doivent être considérés comme personnes non-parentes au point de vue des droits de mutation (Instr. 1912, § 17 ; Rép. gén., 2125).

Mais l'adoption établit une parenté civile qui doit être assimilée, pour la perception des droits, à la parenté véritable.

Quelques observations sur les successions irrégulières.

L'époux survivant qui est appelé à la succession de son conjoint prédécédé, à défaut de parents au degré successible, est considéré comme personne non-parente quant à la quotité des droits, et doit payer un droit de 9 0/0 (loi du 28 avril 1816, art. 53).

Quant à l'enfant naturel, s'il vient à la succession de ses père et mère en concours avec des héritiers légitimes (C. civ., art. 757), il n'est soumis qu'au droit de 1 0/0. Mais, s'il succède à défaut de parents au degré successible (C. civ., art. 758), alors il est assimilé aux étrangers par la loi de 1816 (art. 53), et doit payer un droit de 9 0/0.

Au surplus, la qualité de l'enfant naturel doit être légalement établie ; sinon, l'administration, comme tous intéressés, peut contester son état.

L'enfant incestueux ou adultérin qui recueille des aliments dans la succession de ses père et mère (C. civ. art. 762), n'est assujetti qu'au droit de 1 0/0 ; mais, s'il recueille au-delà de son droit alimentaire, c'est seulement en tant que sa qualité n'est pas légalement constatée, et alors il est assujetti au droit de 9 0/0 comme personne non-parente.

Quid des hypothèses prévues par l'article 766 du Code civil ? Dans ces différentes hypothèses, on applique le tarif ordinaire des successions en ligne collatérale.

Quant aux père et mère de l'enfant naturel (C. civ., art. 765), on leur applique le droit de 1 0/0.

V. Demante, 653.

Il existe dans notre Code civil quelques cas de succession anomale, établis au profit des personnes suivantes :

1° L'ascendant donateur (art. 747) ;

2° L'adoptant (art. 351 et 352) ;

3° Les descendants de l'adoptant (art. 351) ;

4° Les frères et sœurs légitimes de l'enfant naturel (art. 766).

Dans les deux premiers cas, il y a lieu au droit de succession en ligne directe (1 0/0). Dans le troisième, on considère les descendants de l'adoptant comme frères et sœurs, neveux ou petits-neveux de l'adopté, et, par suite, il y a lieu au droit de 6.50 ou de 7 p. 100. Enfin il en est de même dans le quatrième cas (6.50 ou 7 p. 100), comme nous l'avons vu plus haut.

V. Demante, 742.

Il existe encore deux sortes particulières de succession : 1° les substitutions ; 2° les majorats. En ce qui concerne les substitutions, nous en parlerons au chapitre III ci-après. Quant aux majorats, il faut distinguer entre les majorats de biens particuliers et ceux qui sont constitués sur des biens grevés d'un droit de retour au profit de l'État. Pour les premiers, la mutation par décès donne ouverture au droit de transmission de propriété en ligne directe (loi du 7 mai 1849, art. 7) ; pour les seconds, il n'y a lieu qu'au droit de transmission d'usufruit en ligne directe (décret du 24 juin 1808, art. 6). V. Rép. gén., 11069, 11072 ; Dem., 744.

III. — De l'acceptation et de la répudiation des successions ; des successions vacantes.

Ce n'est pas l'acceptation qui ouvre un droit à la succession au profit de l'héritier ; ce n'est pas non plus l'acceptation qui fait encourir les droits de mutation. Ceux-ci sont dus par le seul fait du décès ; et, s'il y a plusieurs décès successifs, il est dû autant de droits qu'il y a de décès.

Le Code civil (art. 720 à 722) établit des présomptions de prédécès dans le cas où plusieurs personnes viennent à mourir dans un même événement. L'administration peut dans ce cas percevoir plusieurs droits de succession conformément aux règles établies par le Code civil. Le Directoire avait pris une décision contraire le 23 floréal an VII (J. E., 137), mais c'est une décision d'espèce (Dem., 679).

L'héritier qui meurt avant d'avoir pris parti, transmet son droit d'option à son héritier : de là des fraudes possibles. Ainsi un père meurt laissant deux fils, dont l'un vient lui-même à décéder avant d'avoir accepté la succession et laisse son frère pour seul héritier : celui-ci répudie, au nom de son frère, la succession dévolue à ce dernier, et recueille sa part à titre d'accroissement : la Cour de cassation a jugé ce procédé valable (arrêt du 2 mai 1849).

L'acceptation comme la répudiation ne donne lieu qu'à un simple droit fixe. Il en est de même de l'acceptation bénéficiaire.

En cas de renonciation, il y a accroissement au profit des cohéritiers ou dévolution au degré subséquent (C. civ., art. 786). Les droits de mutation sont réglés d'après la qualité de l'héritier qui profite de la renonciation, et ils peuvent être inférieurs ou supérieurs à ceux qui étaient encourus par le renonçant. S'ils sont inférieurs, ils ne seront perçus que d'après la qualité de l'héritier acceptant, à moins qu'ils n'aient été payés avant la renonciation : auquel cas il n'y a pas de restitution (Loi de frimaire, art. 60).

S'ils sont supérieurs, on applique le nouveau tarif, et, au cas où les droits auraient été acquittés par le renonçant, il est dû un supplément de droits, lequel doit être payé dans les six mois seulement de l'acceptation (Dem., 675).

Si la renonciation, au lieu d'être pure et simple, a lieu moyennant un prix ou en faveur d'un ou de plusieurs des cohéritiers, il y a double mutation, et par suite il est dû doubles droits : les seconds droits sont, suivant le caractère de la renonciation, les droits de mutation à titre onéreux ou ceux de donation entre-vifs.

Les droits de mutation par décès doivent être acquittés par l'héritier dans les six mois du décès, sans tenir compte du délai imparti par la loi civile aux successibles pour faire inventaire et délibérer. Le délai de six mois court même au cas où la succession reste vacante : car, d'après la jurisprudence, les droits de mutation sont dus en cas de succession vacante ; mais quels seront alors les droits? Si la succession est devenue vacante par la renonciation de l'héritier le plus proche, on perçoit les droits d'après la parenté de cet héritier ; s'il n'y a pas d'héritier connu, l'administration suppose que les héritiers, s'il y en a, sont au-delà du quatrième degré, et perçoit le droit de 8 $0/_0$, sauf restitution s'il se présente un héritier plus rapproché (Dem., 677).

IV. — De la déclaration de succession.

Les droits de succession doivent être acquittés dans les six mois du décès : à cet effet, l'héritier ou le curateur de la succession vacante doit présenter au bureau du lieu d'ouverture de la succession pour les biens meubles, et aux bureaux de la situation des biens pour les immeubles, une déclaration détaillée de tous les biens meubles et immeubles qui composent l'actif de la succession, sans distraction des charges.

Quels sont les biens qui doivent être déclarés?

« A l'actif du défunt, dit M. Demante (n° 683), doivent figurer exclusivement les biens qui ont une consistance actuelle et ne dépendent d'aucune éventualité. »

En conséquence, on ne perçoit pas l'impôt sur les droits subordonnés à l'événement d'une condition suspensive, lesquels ne seront frappés par l'impôt qu'après l'arrivée de la condition. De même les droits litigieux ne seront assujettis à l'impôt qu'après la décision du procès.

Quant aux créances d'un recouvrement incertain, l'héritier est admis à les déclarer pour mémoire, en alléguant l'insolvabilité du débiteur, sauf la preuve contraire réservée à l'administration. Cependant une décision du ministre des finances du 12 août 1806 (Rép. gén., 16370; J. E., 2543) exige, à l'égard des créances comprises dans les inventaires, que les héritiers déclarent expressément qu'ils renoncent à exiger celles devenues caduques par la prescription ou l'insolvabilité des débiteurs.

Dans les créances qui doivent être déclarées, il faut comprendre seulement les obligations de sommes et valeurs dont le résultat est pour le créancier un avantage certain, et non le profit incertain qui peut résulter dans l'avenir de l'exécution d'un contrat, tel que le contrat de louage.

D'après la jurisprudence, le droit de mutation, en matière d'emphytéose, est dû au décès du bailleur sur le domaine direct et au décès du preneur sur le domaine utile : le droit est liquidé d'après la déclaration estimative des parties (Rép. gén., 8470; Dem., 684-II).

La déclaration de succession doit également comprendre les sommes dues au décès d'un assuré à raison d'un contrat d'assurance sur la vie (Loi du 24 juin 1875, art. 6).

Pour la liquidation des droits de succession, il n'est point fait distraction des charges : que doit-on entendre par ce mot? Ce sont les dettes héréditaires, les obligations dont le défunt était tenu, les frais funéraires, les rentes ou redevances foncières, les contributions publiques, etc.

Cependant il faut déduire sur l'actif de succession les obligations du défunt qui procèdent d'un mandat ou d'un titre analogue, ainsi que les sommes et effets mobiliers déposés chez les officiers publics : quant aux dépôts de sommes chez des particuliers, on ne les admet pas en déduction sur l'actif de succession (Dem., 406 et 693).

Quant au quasi-usufruit qui avait été constitué au profit du défunt sur des sommes ou valeurs, la jurisprudence admet qu'il y a lieu d'en faire distraction (Rép. pér., 1126 ; Dem., 694).

Des difficultés s'étaient élevées au sujet des donations de sommes payables au décès du donateur : ces donations acquittent le droit proportionnel au moment où elles sont faites ; mais l'administration avait voulu néanmoins s'opposer à la distraction de ces sommes lors du décès du donateur, quoiqu'elles ne fussent plus dans le patrimoine de ce dernier. La question est tranchée aujourd'hui par un arrêt de la Cour de cassation du 29 juillet 1862, qui admet la distraction de ces sommes (Rép. pér., 1698 ; Rép. gén., 16745). Il en est de même des legs particuliers de sommes, non encore acquittés lors du décès de l'héritier ou du légataire universel (Rép. pér., 1223, 1224).

V. — Des partages.

Il faut distinguer si le partage a lieu avec soulte ou sans soulte. Le partage sans soulte a un effet purement déclaratif, même au point de vue fiscal. De là un simple droit fixe (loi de frimaire, art. 68, § 3, n° 2), qui est devenu un droit gradué depuis la loi du 28 février 1872 (art. 1, n° 5) : la quotité de ce droit est déterminée d'après le montant de l'actif net partagé.

Mais, si le partage a lieu avec soulte, il n'y a immunité, contrairement à la loi civile, que jusqu'à concurrence des valeurs partagées sans soulte, et il est dû un droit proportionnel de mutation à titre onéreux (2 ou 4 0/0) sur le montant de la soulte par l'héritier qui en est débiteur (loi de frimaire, art. 69, § 5, n° 7, et § 7, n° 5) : il n'y a point lieu, pour les immeubles, de percevoir le droit de transcription (1.50 0/0) et de porter le droit de soulte à 5.50 0/0 (Cassat., 21 juillet 1819 : Rép. pér., 782).

VI. — Des licitations.

Il est perçu un droit proportionnel de mutation seulement sur les parts et portions acquises par le cohéritier à titre de licitation (loi de frimaire, art. 69, § 5, n° 6, et § 7, n° 4).

Ce droit est le droit de mutation à titre onéreux (2 ou 4 0/0). Pour les immeubles, faut-il, depuis la loi de 1816, ajouter au droit de 4 0/0 celui de 1.50 0/0 comme droit de transcription ? Si l'héritier a accepté purement et simplement la succession, le droit est de 4 0/0 comme pour les soultes. S'il a accepté sous bénéfice d'inventaire, comme la Cour de cassation décide qu'il peut purger, il doit payer un droit de 5.50 0/0 sur les parts et portions par lui acquises.

Au lieu de procéder directement au partage des biens, les cohéritiers peuvent procéder entre eux à plusieurs licitations successives dont le résultat final aboutit à un véritable partage. Chacune de ces licitations donne lieu au droit proportionnel ; toutefois la Cour de cassation décide que, si les licitations sont conclues à un intervalle très-rapproché et de façon à pouvoir être présentées ensemble à l'enregistrement avec l'acte de partage qui compense les obligations respectives des cohéritiers, dans les délais légaux d'enregistrement de ces actes, on ne percevra pas les droits de mutation, ou que si, les licitations ayant été enregistrées avant l'acte de partage, ce dernier est présenté avant l'expiration des délais d'enregistrement des licitations, il y aura lieu à restitution des droits.

Lorsque, dans une vente de meubles aux enchères publiques,

l'un des cohéritiers se porte adjudicataire de quelques-uns de ces meubles, il n'y a pas lieu d'appliquer la théorie de la licitation et de ne percevoir le droit de mutation que sur les parts et portions par lui acquises : car la loi du 22 pluviôse an VII (art. 6) décide que le droit d'enregistrement sera liquidé, non d'après le prix particulier de chaque objet vendu, mais d'après le montant des sommes que contiendra cumulativement le procès-verbal de vente. Toutefois, si la vente ne porte que sur un objet unique d'une certaine importance, tel qu'un fonds de commerce, on décide qu'il y a lieu alors d'appliquer les règles de la licitation (Rép. gén., 1712, 10849).

VII. — Des rapports.

D'après M. Demante (n° 718), aucun droit de mutation n'est dû sur les choses rapportées, soit que le rapport ait lieu en moins prenant, soit qu'il ait lieu en nature, sauf, dans ce dernier cas, un supplément de droits si par l'effet du rapport le bien venait à être attribué à un héritier tenu d'un droit plus fort que n'était le donataire.

VIII. — Du retrait successoral (C. civ., art. 841).

Ce retrait n'opère pas une nouvelle mutation, mais il efface les droits du cessionnaire par voie de résolution, *ex causa primæva et antiqua* ; il y a lieu seulement au droit de libération sur les sommes remboursées (*Déc. M. fin.*, 8 ventôse et 11 floréal an XII : *Rép. gén.*, 14708).

CHAPITRE II

La déclaration d'absence est assimilée à la mort naturelle pour la perception des droits de mutation (loi de 1816, art. 40). Les héritiers, légataires et tous autres appelés à exercer des droits subordonnés au décès de l'absent, sont tenus de faire, dans les six mois de l'envoi en possession provisoire, la déclaration exigée en cas de décès, et d'acquitter les droits sur la valeur entière des biens qu'ils recueillent.

Mais, en cas de retour de l'absent, les droits payés seront restitués sous la seule déduction du droit auquel aura donné lieu la jouissance des héritiers (loi de 1816, art. 40). Ce sera un droit d'usufruit sur les 4/5, les 9/10 ou la totalité des biens suivant les distinctions établies par l'article 137 du Code civil (Dem., 680 ; *Rép. gén.*, 193).

Quant à la continuation de la communauté autorisée par l'article 124 du Code civil, elle ne donne lieu à aucun droit de mutation (Dem., 680 ; Rép. gén., 161).

CHAPITRE III

DES DONATIONS ENTRE-VIFS ET TESTAMENTAIRES.
(c. civ., art. 893 a 1100).

. I. — Dispositions testamentaires.

Pour les successions régulières, le tarif des droits est le même en cas de testament qu'en cas de succession *ab intestat*.

Mais il en est autrement pour les successions irrégulières. L'époux survivant, qui est assujetti au droit de 9 0/0 lorsqu'il succède *ab intestat* à défaut de parents au degré successible, n'est soumis qu'au droit de 3 0/0 lorsqu'il succède en vertu d'un testament ou d'une donation éventuelle. De même l'enfant naturel qui, lorsqu'il succède *ab intestat*, est assujetti au droit de 1 0/0 ou à celui de 9 0/0 suivant qu'il est ou non en concours avec des parents légitimes, ne paie que le droit de 1 0/0 en cas de disposition testamentaire ou de donation éventuelle à son profit, sans distinguer s'il y a ou non concours de parents légitimes (Cassat., 15 avril 1852 : Rép. gén., 7661).

Quand le bien légué est un corps certain qui existe en nature dans la succession, la transmission s'opère directement du défunt au légataire, et il n'est dû qu'un seul droit de mutation. En cas de legs de sommes d'argent, l'administration avait voulu percevoir un double droit proportionnel, parce qu'il y a dans ce cas une double mutation ; mais un avis du Conseil d'État du 10 septembre 1808 a condamné cette opinion, et a décidé que le legs devait être déduit sur l'actif de succession au profit de l'héritier ou légataire universel chargé de l'acquitter.

La délivrance d'un legs n'est point un acte translatif de propriété : la loi de frimaire l'assujettissait à un simple droit fixe qui a été converti en un droit gradué par la loi du 28 février 1872.

II. — Des partages d'ascendants.

Le partage d'ascendant peut être fait, soit entre-vifs, soit par testament.

Fait par testament, il donne lieu aux droits de succession en ligne directe (1 °/₀).

En cas de partage entre-vifs, la loi du 27 ventôse an IX (art. 10) imposait le droit des donations entre-vifs. Mais il a paru bon de dégrever les partages entre-vifs faits conformément aux articles 1075 et 1076 du Code civil, et de ne les soumettre qu'aux droits de mutation par décès comme s'il y avait ouverture anticipée de la succession du donateur (Loi du 16 juin 1824, art. 3; loi du 18 mai 1850, art. 5). Le droit de transcription applicable à ce partage a été réduit à 50 centimes par 100 francs (Loi du 21 juin 1875, art. 1) : de sorte que, s'il s'agit d'immeubles, il n'est perçu qu'un droit de 1.50 °/₀ pour tous droits de mutation et de transcription sur les partages d'ascendants faits entre-vifs.

Quant aux soultes et retours de lots, ils sont assujettis par la loi du 18 mai 1850 (art. 5) aux droits ordinaires des soultes de partage, soit que le partage d'ascendant ait lieu entre-vifs, soit qu'il ait lieu par testament.

Quelles sont les donations entre-vifs portant partage, qui bénéficient des dispositions de la loi du 18 mai 1850 et du 21 juin 1875 ?

La donation-partage a pour caractère propre d'être faite à des enfants ou descendants, *héritiers présomptifs* du donateur : sinon, ce n'est plus un partage, c'est une donation pure et simple. Et, si un père ayant encore son fils fait une donation avec partage des biens donnés à ses petits-enfants, on ne se trouve plus dans le cas d'invoquer le bénéfice des lois de 1850 et de 1875. Telle est la jurisprudence actuelle.

Un père n'a qu'un enfant unique, auquel il fait abandon de ses biens : il n'y a plus une donation-partage, un partage d'ascendant (Dem., 726 ; Rép. gén., 12567 ; Rép. pér., 5244).

Le partage d'ascendant doit comprendre tous les enfants qui existeront à l'époque du décès et les descendants des enfants prédécédés (C. civ., art. 1078). Si le partage n'est pas fait entre tous les héritiers présomptifs, faut-il, pour la perception des droits, le considérer néanmoins comme un partage d'ascendant ? La Cour de cassation a jugé l'affirmative (arrêt du 15 avril 1850 : Instr. 1875, § 3).

Pour qu'il y ait lieu d'appliquer les règles du partage d'ascendant, faut-il qu'il y ait un partage effectif des biens donnés ? La jurisprudence décide que, bien que les donataires soient restés dans l'indivision, il y a là néanmoins un partage d'ascendant au point de vue fiscal (Dem., 725 ; Rép. gén., 12578).

Quid du droit gradué établi sur les *partages entre copropriétaires, cohéritiers et coassociés, à quelque titre que ce soit*, par la loi du 28 février 1872 (art. 1) ? Le partage d'ascendant encourt-il ce droit ?

1° *Partage entre-vifs.* — Si le partage est opéré par l'ascendant lui-même, c'est une *disposition dépendante* de la donation : il n'est pas dû d'autre droit que le droit proportionnel.

Si l'ascendant s'est borné à des attributions de quotité et que le partage effectif soit opéré par les codonataires entre eux, ce n'est plus une *disposition dépendante* ni un *acte de complément*, le partage a une efficacité propre et se distingue de la donation : aussi M. Demante le soumet-il au droit gradué (Dem., 732 ; en sens contraire, délib. du 6 janvier 1829, sol. du 14 septembre 1872 : Rép. gén., 12328, 12561, 12589).

2° *Partage testamentaire.* — Pour être opéré par l'ascendant, ce partage n'en rentre pas moins dans la compréhension du partage entre cohéritiers, puisqu'il doit seulement produire son effet après l'ouverture de la succession : il y a donc lieu au droit gradué (Cassat., 8 juillet 1879 : Rép. pér., 5318).

III. — Des donations éventuelles.

On entend par là les donations subordonnées à l'événement du décès : la loi fiscale les comprend dans les mutations par décès (Loi du 28 avril 1816, art. 53 ; loi du 21 avril 1832, art. 33).

Le principe général applicable aux donations éventuelles, c'est qu'elles sont soumises : 1° à un droit fixe pour l'enregistrement du contrat (7 fr. 50) ; 2° à un droit proportionnel, eu égard à la parenté, lors du décès du donateur : c'est de ce second droit dont nous avons à nous occuper.

Institution contractuelle. — L'institution contractuelle ou donation de biens à venir (C. civ., art. 1082) n'est pas assujettie au tarif mitigé des donations par contrat de mariage, mais au tarif des droits de mutation par décès, eu égard à la parenté du donataire avec le donateur.

L'institution peut être faite soit au profit de l'époux seulement, soit au profit de l'époux et de ses descendants. Le taux du droit de mutation sera payé suivant la parenté de celui des institués qui profitera de la libéralité.

Une donation entre-vifs peut être faite, même hors contrat de mariage, sous la condition suspensive de la survie du donataire : ce n'est plus une institution contractuelle, mais une donation de biens présents qui est affectée d'une condition. Néanmoins la jurisprudence décide avec raison que la donation entre-vifs, subordonnée à la survie du donataire, rentre dans les termes de la loi de 1816 (art. 53) et de celle de 1832 (art. 33), et qu'elle est soumise au tarif des droits de mutation par décès (Cassat., arrêt du 21

décembre 1870) : Rép. pér., 3222). Ces donataires sont, en conséquence, assujettis à la déclaration de succession dans le délai
légal (Cassat., 23 juillet 1866 : Rép. pér., 2339).

La donation par contrat de mariage peut être faite cumulativement des biens présents et à venir (C. civ., art. 1084) : quels
seront les droits de mutation? Comme pour les autres donations
éventuelles, il n'est perçu, au jour du contrat, qu'un simple droit
fixe (7 fr. 50) : car le donataire n'a aucun droit actuel sur les
biens présents. Si, au jour du décès, le donataire accepte la libéralité dans toute son étendue, la donation cumulative devient une
institution contractuelle, pour laquelle il faut à ce moment payer
les droits de mutation par décès. La jurisprudence décide qu'il en
est de même dans le cas où le donataire s'en tient aux biens présents, c'est-à-dire à ceux qui existaient lors du contrat (Dem., 611).

Donations entre époux. — Les époux peuvent, par contrat de
mariage, se faire des donations de biens présents, lesquelles sont
irrévocables : faites purement et simplement, elles rentrent dans les
donations entre-vifs de biens présents dont nous nous occuperons
plus loin ; faites sous la condition suspensive de survie (C. civ.,
art. 1092), elles sont, comme donations éventuelles, soumises aux
droits de mutation par décès.

Les époux peuvent, par contrat de mariage, se faire des donations de biens à venir, ou de biens présents et à venir (C. civ.,
art. 1093) ; ces donations sont des formes diverses de l'institution
contractuelle, et sont régies par les règles que nous avons exposées
ci-dessus.

Quant aux donations entre époux pendant le mariage, elles sont
essentiellement révocables (C. civ., art. 1096) : elles sont traitées
comme donations éventuelles, et ne paient le droit proportionnel
qu'au décès de l'époux donateur et d'après le tarif des droits de
mutation par décès (3 0/0). Remarquons cependant qu'à la diffé-

Le Roy   12

rence des autres donations éventuelles, les donations entre époux
pendant le mariage ne sont pas soumises, d'après la jurisprudence,
à l'enregistrement au droit fixe pendant la vie du donateur, mais
seulement dans les trois mois de son décès (Cassat., 22 janvier
1838 : Répertoire de Dalloz, v° enregistrement, n° 3848 ; Rép.
gén., 6735).

Malgré l'article 1096 du Code civil, l'époux peut, d'après la
jurisprudence, faire pendant le mariage une donation actuelle à
son conjoint, sous condition résolutoire, laquelle consiste dans la
faculté de révoquer : alors il y a lieu à la perception immédiate du
droit proportionnel, lequel est ici de 3 0/0, à quoi il faut ajouter le
droit de transcription de 1.50 0/0 s'il s'agit d'immeubles (Dem.,
606 ; Inst. 2010, § 4). Quant à la révocation de cette donation
actuelle entre époux, elle ne donne lieu à aucun droit proportionnel
(Dem., 606-1 ; en sens contraire, sol. du 17 mai 1872 ; Rép.
gén., 6739 ; Dict. des réd., v° donation, n° 1086).

Droit de transcription. — Faut-il, s'il s'agit de donations
immobilières, ajouter aux droits de mutation par décès perçus sur
les différentes donations éventuelles le droit de transcription de
1,50 °/₀, et ce, bien entendu, dans les cas seulement où le tarif de
la loi du 21 avril 1832 (art. 33) n'est pas applicable, c'est-à-dire
en ligne directe et entre époux ? Car il est admis par l'administration que les droits établis par la loi de 1832 comprennent le droit
de transcription (Instr. 1399).

Il est de pratique constante que l'institution contractuelle avec
ses différentes variétés ne donne pas lieu à la perception anticipée
du droit de transcription lors de l'enregistrement du contrat de
mariage (quoique la nécessité de transcrire cette donation soit, en
droit civil, une question vivement controversée), et que ce droit
ne doit pas non plus être ajouté au droit de mutation par décès
(Dem., 613 ; Rép. gén., 5324).

Pour les donations de biens présents, subordonnées à la survie du donataire, la transcription présente certainement un intérêt sérieux pour le donataire, et, s'il la requiert, il doit alors payer le droit de 1,50 °/₀. Mais on admet qu'il n'y a là qu'un intérêt éventuel pour le donataire, et cette éventualité exclut la perception anticipée du droit de transcription lors de l'enregistrement du contrat (Dem., 102-VII, 329-I, 613 II) : et, lors du décès du donateur, le droit de transcription ne doit pas être ajouté au droit d'enregistrement, puisque l'on range ces donations parmi les mutations par décès (Dem., 613-II).

IV. — Des donations entre-vifs de biens présents.

Les donations entre-vifs sont assujetties à la formalité de l'acceptation expresse de la part du donataire (C. civ., art. 932), sauf les donations faites par contrat de mariage (C. civ., art. 1087). Si la donation est faite hors la présence du donataire, la donation n'existe pas encore ; c'est un acte imparfait, et il ne peut être perçu qu'un droit fixe (3 francs). *Quid* si le donataire est présent, mais n'accepte pas *en termes exprès* ? c'est une question controversée ; cependant il paraît assez juste de ne percevoir qu'un droit fixe, car la loi civile semble identifier cette espèce avec l'espèce précédente (Rép. gén., 6604). Bien entendu, si le donataire est entré en possession, il doit le droit proportionnel dès que la possession est légalement prouvée, et ce en vertu des règles sur les mutations secrètes s'il s'agit d'immeubles, ou de celles qui concernent les dons manuels s'il s'agit de meubles.

La donation peut consister dans trois actes séparés : 1° acte de donation ; 2° acte d'acceptation ; 3° acte de notification (C. civ., art. 932). Quels seront les droits perçus ? Le premier acte est enregistré au droit fixe de 3 francs. Le second acte devrait être enregistré au même droit fixe, sauf à percevoir le droit proportionnel sur cet acte après la notification ; mais, en pratique, on perçoit immédiatement le droit proportionnel sur l'acte d'acceptation, sauf restitution si, au jour de la notification, la donation se trouve révoquée (sol. du 21 mars 1872 : Rép. gén., 6592) : ce qui indique que la perception n'a pas été régulière, puisqu'autrement la restitution n'aurait pas lieu (loi de frimaire, art. 60). Quant à l'acte de notification, il est enregistré au droit fixe de 3 francs.

Le droit des donations entre-vifs est fixé d'après la parenté du donataire avec le donateur : en outre, lorsque la libéralité est faite par contrat de mariage, soit aux futurs par un parent ou même par un étranger, soit par l'un des futurs à l'autre, le tarif des donations entre-vifs est abaissé considérablement (V. les tableaux des pages 151 et 162).

Le droit de donation est liquidé sur la valeur entière des biens donnés, *sans distraction des charges* : c'est ainsi que l'on ne déduit point, pour la liquidation des droits, l'usufruit réservé par le donateur, et que le droit de mutation doit être payé immédiatement malgré cette réserve d'usufruit ; il en est de même du quasi-usufruit, de la donation d'une somme payable au décès du donateur. Il en est de même également de la faculté de disposer de tout ou partie des objets donnés que le donateur a pu se réserver conformément à l'article 1086 du Code civil, sans qu'il puisse être exigé aucun droit proportionnel sur la restauration du donateur qui dispose des objets donnés (Dem., 604-II ; en sens contraire, Dict. des réd., v° donation, n° 1001).

La donation avec charges est soumise au tarif ordinaire des donations, sans distraction des charges. D'ailleurs, la charge stipulée au profit du donateur, n'encourt aucun droit, soit qu'elle ait pour objet une transmission de propriété ou d'usufruit, soit qu'elle consiste en sommes ou valeurs : car ces différents avantages font partie intégrante de la donation. Mais, si la charge est stipulée au profit d'un tiers, c'est là une disposition indépendante qui ouvre le droit de transmission à titre gratuit (Cassat., 23 décembre 1862, 11 mars 1863 : Instr. 2244, §§ 4 et 7 ; *Rép. pér.*, 1728 et 1762 ; *Rép. gén.*, 6696).

Il y a résolution implicite dans les trois cas suivants :

1° Inexécution des charges (C. civ., art. 954).

2° Ingratitude du donataire (art. 955-959).

3° Survenance d'enfant (art. 960-966).

Nous verrons plus tard (*infra*, ch. X) que l'arrivée de la condition résolutoire expresse ou tacite ne donne pas lieu à la restitution des droits perçus : il en est de même dans les trois cas de révocation des donations que nous venons d'énoncer.

En principe, la résolution du contrat par l'effet d'une condition résolutoire ne donne pas lieu à un nouveau droit de mutation : il en devrait être de même dans nos trois cas de révocation. Cependant l'administration voit une rétrocession dans l'événement d'une condition résolutoire qui consiste dans l'inexécution des obligations du débiteur, par application de la loi du 27 ventôse an IX (art. 12), et perçoit un droit proportionnel qui est fixé conformément au tarif des transmissions à titre onéreux (Cassat., 22 mai 1844 : Instr. 1723, § 3). Pour les immeubles, M. Demante (n° 592-II) pense qu'il n'y a pas lieu d'ajouter le droit de transcription de 1,50 %.

En ce qui concerne la révocation pour cause d'ingratitude, l'administration s'appuyant sur l'article 958 du Code civil, conclut qu'elle ne procède pas *ex causa antiqua*, et qu'elle est par suite passible d'un droit proportionnel (sol. du 18 juillet 1876 : *Rép. pér.*, 4702). Ce droit est le droit de transmission à titre onéreux, et l'administration y ajoute le droit de transcription de 1.50 % (au total 5,50 %), s'il s'agit d'immeubles, parce que le jugement de résolution est de nature à être transcrit pour la purge des hypothèques (sol. du 18 juillet 1876, précitée).

En cas de révocation pour survenance d'enfant, on applique les principes généraux de la condition résolutoire : par suite, il n'est dû aucun droit proportionnel sur la résolution.

Si le donateur veut confirmer la donation révoquée pour cause de survenance d'enfant, il ne peut le faire que par une nouvelle disposition (C. civ., art. 964) : percevra-t-on un nouveau droit proportionnel ? Par dérogation aux principes du droit civil, il ne sera perçu qu'un simple droit fixe de 3 fr. : car la loi de frimaire (art. 68, § 1, n° 7) et la loi du 28 avril 1816 (art. 43, n° 3) assujettissent à un simple droit fixe les actes refaits pour cause de nullité ou autre motif, sans aucun changement qui ajoute aux objets des conventions ou à leur valeur.

La donation peut encore être affectée de conditions expresses, soit suspensives, soit résolutoires: il y a lieu alors d'appliquer la théorie ordinaire des conditions (infra, chap. X). Il en est ainsi notamment du cas de stipulation du droit de retour.

Quelques mots maintenant sur des donations d'une nature particulière : 1° donations indirectes ; 2° donations déguisées ; 3° dons manuels.

1° Donations indirectes. Les avantages indirects, entre les parties contractantes n'ouvrent pas de droits particuliers, sauf à l'administration, en matière immobilière, à provoquer l'expertise ; et, en cas d'expertise, le supplément de droits sera réglé d'après le tarif des droits de mutation à titre onéreux.

Mais l'avantage stipulé au profit d'un tiers donne ouverture au droit de donation, comme nous l'avons dit plus haut (Rép. gén., 6696 ; Rép. pér., 1728 et 1762 ; Instr, 2244).

2° Donations déguisées. La jurisprudence admet qu'une donation peut être déguisée sous le voile d'un contrat à titre onéreux. Si le caractère véritable de cette opération vient à être rétabli, l'administration percevra un supplément de droit : elle peut d'ailleurs relever la fraude et prouver la simulation qui a été employée pour éviter le paiement d'une partie des droits (Cassat., 9 juillet 1861 : Rép. pér., 1519).

3° Dons manuels. Ces donations ont été l'objet d'une disposition spéciale de la loi du 18 mai 1850 (art. 6): il y est dit que les actes renfermant soit la déclaration faite par le donataire ou pour lui par ses représentants, soit la reconnaissance judiciaire d'un don manuel, sont assujettis au droit de donation.

CHAPITRE IV

DE LA VENTE (C. CIV., ART. 1582 A 1701).

La vente transfère la propriété par elle-même et en-dehors de toute tradition (C. civ., art. 1138, 1583): par suite, elle doit être assujettie au droit proportionnel de mutation, et le délai légal d'enregistrement court du jour de l'acte.

Mais la promesse unilatérale de vendre ou d'acheter n'est soumise qu'au droit fixe de 3 francs comme acte civil innomé (Dem., 128).

Le prix peut être laissé à l'arbitrage d'un tiers (C. civ., art. 1592). La convention encourt alors un droit fixe de 3 francs, et le droit proportionnel est seulement exigible lors de l'estimation (Dem., 133; Rép. gén., 17691 et suiv.).

I. — Les ventes, adjudications, reventes, cessions et rétrocessions, sont soumises au droit de 2 0/0 s'il s'agit de meubles (sauf les mitigations de tarif spéciales à certaines ventes), et au droit de 5,50 0/0 s'il s'agit d'immeubles, sur le prix exprimé, en y ajoutant toutes les charges en capital; le droit de transcription se trouve compris dans le droit de 5,50 0/0 (loi de 1816, art. 52).

Aux termes de la loi de frimaire (art. 68, § 1, n° 40) et de la loi de 1816 (art. 43, n° 20), le résiliement pur et simple de la vente, fait par acte authentique dans les vingt-quatre heures, n'est assujetti qu'au droit fixe de 3 fr. *Quid* quant à l'acte résilié? Si le droit proportionnel est déjà perçu lors du résiliement, il ne peut être restitué (loi de frimaire, art. 60) ; sinon, M. Demante pense qu'il n'y a pas lieu .de l'exiger sur l'acte résilié (Dem., 158 et 161).

II. — La licitation opérée au profit d'un étranger est une vente pure et simple sur laquelle on perçoit le droit de 2 ou de 5,50 p. 100.

Opérée au profit d'un des copropriétaires, la licitation encourt le droit de 2 0/0 sur les meubles, et, sur les immeubles, celui de 4 0/0 (et non 5,50 0/0), sur les parts et portions acquises par le copropriétaire : car ce n'est pas une vente ni un acte de nature à être transcrit, et par suite il n'y a pas lieu d'appliquer soit l'article 52, soit l'article 54 de la loi de 1816 (sauf le cas de licitation au profit d'un héritier bénéficiaire).

Si la licitation a lieu au profit de deux ou plusieurs des copropriétaires, la jurisprudence ne la considère plus comme une opération de partage, puisqu'elle ne fait pas cesser entièrement l'indivision : elle la considère alors comme un acte translatif de propriété qui est de nature à être transcrit : par suite, il y a lieu pour les immeubles au droit de 5,50 0/0, mais le droit d'enregistrement (4 0/0) est perçu seulement sur la part de propriété acquise par les coadjudicataires, tandis que le droit de transcription (1,50 0/0) est perçu sur l'intégralité du prix d'adjudication (Dem., 162).

L'héritier bénéficiaire qui se rend adjudicataire d'un bien de la succession, ne doit pas de droit proportionnel : il n'y a pas transmission de propriété, du moins pour sa part héréditaire ; et, s'il s'agit d'immeubles, le droit de 5.50 0/0 n'est exigible que sur les parts et portions par lui acquises à titre de licitation (Rép. gén., 3053 et 3054).

III. — La dation en paiement est assimilée à la vente et encourt le droit de 2 ou de 5.50 p. 100 (Dem., 163).

IV. — Nous allons examiner ici les plus importantes des conditions résolutoires spécialement réglées par la loi en matière de

vente. Ce sont : 1° le pacte de réméré ; 2° la résolution pour défaut de paiement du prix ; 3° la folle enchère ; 4° la surenchère ;
5° la déclaration de command.

Pacte de réméré. — Le réméré exercé tardivement aboutit à
une pure rétrocession, et il y a lieu au droit du 2 ou 5.50 p. 100
tant sur la vente que sur le retrait (Loi de frimaire, art. 69, § 7,
n° 6).

Exercé en temps utile, le retrait n'ouvre aucun droit de mutation,
mais seulement un droit de quittance de 0.50 0/0 (Loi de frimaire,
art. 69, § 2, n° 11) : ce droit n'est perçu qu'autant qu'il y a remboursement de deniers, et, si le prix de vente n'a pas encore été
payé, le retrait doit être enregistré au droit fixe comme acte innomé. Quant au droit perçu sur la vente, il n'est pas restituable (Loi
de frimaire, art. 60) : cependant M. Demante pense que, s'il n'est
pas encore payé, il ne peut plus être exigé (Dem., 169-II).

L'acte de retrait doit avoir acquis date certaine avant l'expiration
du délai stipulé, lequel ne peut être supérieur à cinq années (Rép.
gén., 13858). *Quid* en cas de prolongation du délai originaire,
sans que ce nouveau délai dépasse cinq ans à partir du contrat
primitif ? Le réméré exercé dans ce nouveau délai doit être considéré comme tardif, et entraîner le droit de rétrocession : cependant
une décision du ministre des finances du 22 février 1830 a statué
dans un sens tout différent ; et aujourd'hui, en pratique, l'acte de
prorogation est enregistré au droit fixe de 3 fr., et il n'est perçu
sur le retrait exercé dans le nouveau délai qu'un droit de quittance
de 0.50 0/0 (Dem., 174 ; Rép. gén., 13863).

Résolution pour défaut de paiement du prix. — Conformément aux principes de la condition résolutoire, il faudrait percevoir : 1° un droit proportionnel sur le contrat de vente, sans
restitution ; 2° un droit fixe sur le jugement de résolution. Cepen-
pendant, aux termes de la loi du 27 ventôse an IX (art. 12), il

faut percevoir un second droit proportionnel sur le jugement de résolution, à moins que l'acquéreur ne soit pas encore entré en jouissance.

Cette loi, contraire aux principes du droit civil moderne, doit être strictement limitée aux jugements portant résolution de contrats de vente : il ne faut pas l'étendre à la résolution d'une donation, d'un louage ou de tout autre contrat.

En outre, le droit proportionnel de transcription, s'il s'agit d'immeubles, ne doit pas être perçu sur l'enregistrement du jugement de résolution, car il ne tombe pas sous le coup des articles 52 et 54 de la loi de 1816 : il y a lieu seulement au droit de 4 0/0.

Tout ceci d'ailleurs ne s'applique qu'à la résolution opérée en vertu des articles 1184 et 1654 du Code civil : en pareil cas, il faut recourir à un jugement de résolution, et la résolution amiable serait une rétrocession. Mais, en cas de stipulation expresse d'un pacte commissoire, M. Demante pense que l'on doit n'exiger qu'un droit fixe, soit que la résolution soit constatée par un acquiescement amiable de l'acheteur, soit qu'elle soit constatée en justice (Dem., 184 à 188).

Remarquons cependant que l'administration étend, au contraire, l'article 12 de la loi du 27 ventôse an IX à tous les cas analogues, et que la jurisprudence a, sur plus d'un point, consacré la pratique administrative.

Folle enchère. — En cas d'adjudication sur folle enchère, le droit encouru par le fol enchérisseur est imputé sur la seconde adjudication (Loi de frimaire, art. 69, § 5, n° 1, et § 7, n° 1) : et, si celle-ci a produit un prix plus élevé, le droit de mutation n'est perçu que sur l'excédent de prix ; mais, si la seconde adjudication n'a produit qu'un prix inférieur, elle est enregistrée au droit fixe de

4 fr. 50 (Loi de frimaire, art. 68, § 1, n° 8 ; loi de 1816, art. 44, n° 1 ; loi du 28 février 1872, art. 4).

Surenchère. — A la suite des ventes judiciaires, le droit de surenchère appartient à toute personne, et, par le fait de la seconde adjudication, la propriété du premier adjudicataire est résolue.

Les droits payés par le premier adjudicataire sont imputés sur les droits de la seconde adjudication (Instr. 1920, § 5).

La seconde adjudication peut donner lieu à un droit moins élevé, quoique le prix soit supérieur : c'est ce qui arrive notamment au cas d'adjudication sur licitation. Si le droit n'est pas encore perçu lors de la seconde adjudication, il cesse d'être dû ; mais, s'il a été perçu, il n'est pas sujet à restitution (Dem., 204).

Lorsque la première adjudication est présentée à l'enregistrement dans le délai légal, et qu'il existe une surenchère dès ce moment, l'administration a décidé *benigniter* que cette adjudication est alors passible d'un simple droit fixe (Rép. gén., 1778).

Passons à la surenchère que l'article 2183 du Code civil réserve aux créanciers hypothécaires à l'égard des aliénations volontaires. Les droits perçus sur la vente doivent être imputés sur les droits encourus par l'adjudication sur surenchère (Dem., 209). Si le premier acquéreur reste adjudicataire sur la surenchère, M. Demante (n° 210) pense que le droit doit être perçu sur le montant de l'acquisition primitive, et qu'il n'est dû aucun droit pour l'excédent de prix résultant de l'adjudication sur surenchère, parce que le contrat primitif subsiste et demeure le titre de la propriété de l'acquéreur : mais la pratique est contraire et l'administration perçoit le droit de 5.50 0/0 sur l'excédent du prix.

Déclaration de command. — La déclaration de command n'est assujettie qu'au droit fixe de 4.50, pourvu qu'elle remplisse les trois conditions suivantes :

1° Que la faculté d'élire command ait été réservée dans l'acte d'acquisition ;

2° Que la déclaration soit faite par acte public ;

3° Que cette déclaration soit notifiée dans les vingt-quatre heures de l'adjudication ou du contrat au receveur de l'enregistrement.

Faute de remplir ces trois conditions, la déclaration de command entraîne le droit de vente, et, pour les immeubles, ce droit est de 5.50 %, car il y a lieu ici de percevoir le droit proportionnel de transcription (Dem., 220, 221).

V. — Passons à la rescision de la vente pour lésion de plus des sept douzièmes.

Si l'acheteur, pour éviter la rescision, fournit le supplément de prix, il y a lieu au droit de 5.50 % sur ce supplément. Mais, en dehors de ce cas, quels sont les droits applicables ?

D'après la théorie générale des nullités que nous exposerons plus loin (infra, chap. X), il y aurait lieu seulement au droit fixe sur le jugement de rescision, et le droit proportionnel perçu sur la vente ne serait pas restituable ; et s'il n'avait pas encore été perçu, on peut soutenir qu'il ne serait plus exigible (Dem., 239 à 250). Mais, quant à la rescision de la vente pour cause de lésion, la jurisprudence et la pratique admettent un système tout différent ; il n'y a pas de nullité radicale, disent les arrêts, dans un contrat que l'on est réduit à arguer de lésion ; par suite, la pratique perçoit sur le jugement de rescision le droit proportionnel de mutation, et même on applique le droit de 5.50 et non celui de 4°/₀ (Cassat., 5 germinal an XIII : Répertoire de Merlin, v° Enregistrement, § 2 ; Cassat., 11 janvier 1871 : Rép. gén., 14380).

CHAPITRE V

DE L'ÉCHANGE.

(Cod. civ., art. 1702 à 1706).

Les échanges de meubles sont soumis au droit de 2 0/0 (loi de frimaire, art. 69, § 5, n° 1) ; les échanges d'immeubles sont sou-mis au droit de 3.50 0/0, compris le droit de transcription (loi du 21 juin 1875, art. 4). Enfin, en cas d'échange d'immeubles contre meubles, on perçoit le droit de transmission immobilière, soit 5.50 0/0, compris le droit de transcription (Dem., 315).

Le droit est perçu seulement sur la valeur de l'un des biens échan-gés, et, s'il y a soulte, sur le bien qui a la moindre valeur : quant à la soulte, elle donne lieu au droit de vente (loi de frimaire, art. 69, § 5, n° 3).

Aux termes de la loi du 27 juillet 1870 (art. 4), le droit d'échange est réduit à 20 centimes par 100 francs, compris le droit de trans-cription, pour les immeubles ruraux contigus qui réunissent les conditions indiquées plus haut (*supra*, tit. II, chap. I, § 2) : en même temps, le droit de soulte est réduit à 1 0/0, lorsque la soulte n'excède pas le quart de la valeur de la moindre part.

L'échange est soumis d'ailleurs aux règles que nous avons ex-posées à propos de la vente : c'est ainsi que le coéchangiste, évincé de la chose qu'il avait reçue, peut demander la résolution du con-trat (C. civ., art. 1705), et la pratique impose le jugement de res-cision au droit proportionnel comme au cas de rescision de la vente pour défaut de paiement du prix : ce droit sera celui de 4 0/0 s'il s'agit d'immeubles (et non 5.50 0/0).

CHAPITRE VI

I. — Les baux à ferme et à loyer des biens meubles et immeubles, lorsqu'ils ont une durée limitée, sont soumis au droit de 20 centimes par 100 francs, sur le prix cumulé de toutes les années (Loi du 16 juin 1824, art. 1).

La valeur de la jouissance est déterminée par le prix annuel exprimé, en y ajoutant les charges imposées au preneur (Loi de frimaire, art. 14, n° 1, et article 15, n° 1). Si le prix du bail consiste en une qualité fixe de grains et denrées dont la valeur est déterminée par les mercuriales, l'évaluation est faite sur le pied du cours moyen des quatorze dernières années, en retranchant les deux plus fortes et les deux plus faibles (Loi du 15 mai 1818, art. 75).

Les baux à colonage et à portion de fruits sont soumis au même tarif de 20 centimes par 100 francs sur toutes les années cumulées, mais seulement pour la part revenant au bailleur dont la quotité sera préalablement déclarée (Loi de frimaire, art. 15, n° 1 ; Cassat., 8 février 1875 : Rép. pér., 4027). L'évaluation est ici réglée d'après le décret du 26 avril 1808 (Rép. gén., t. I, p. 82), c'est-à-dire d'après le taux commun résultant des mercuriales des trois dernières années (Dem., 347).

Pour les baux à ferme et à loyer comme pour les baux à portion de fruits, si le prix est stipulé en objets dont la valeur ne puisse

être constatée par les mercuriales, les parties en feront une déclaration estimative (Loi de frimaire, art. 15, n° 1).

Le bail à cheptel est assujetti au droit de 20 centimes par 100 fr.
qui sera perçu sur le prix exprimé dans l'acte, ou, à défaut,
d'après l'estimation qui sera faite du bétail (Loi de frimaire, art. 69,
§ 1, n° 2), et non d'après la déclaration d'un revenu annuel présumé (Délib. du 25 février 1859 : Rép. pér., 1289 ; Dem., 379).

II. — Passons aux baux à durée illimitée.

Les baux ne peuvent être faits pour plus de 99 ans (Loi du
29 décembre 1790) : mais ils peuvent être à durée illimitée, en ce
sens qu'ils peuvent durer indéfiniment, mais qu'ils laissent à
chacune des parties, ou au moins à l'une d'elles, la faculté de donner
congé.

Le droit de bail à durée illimitée est fixé à 2 °/₀ pour les meubles
et à 4 °/₀ pour les immeubles.

Ce droit est perçu sur un capital formé de 20 fois (ou de 25 fois
pour les immeubles ruraux) le prix annuel et les charges aussi
annuelles, en y ajoutant les autres charges en capital et les deniers
d'entrée s'il en est stipulé (Loi de frimaire, art. 15, n° 2). Si le
prix est stipulé en nature, il est évalué comme nous l'avons indiqué
plus haut.

Les baux à vie sont assujettis aux mêmes droits de 2 ou 4
pour 100, sans distinction de ceux faits sur une ou plusieurs têtes
(Loi de frimaire, art. 69, § 5, n° 2, et § 7, n° 2). Remarquons
qu'aux termes de la loi du 29 décembre 1790, les baux à vie ne
peuvent être faits sur plus de trois têtes, si, du moins, il s'agit
d'étendre le bail aux héritiers des contractants ; mais il n'y a pas de
restriction, s'il s'agit de personnes nées ou conçues au moment du
contrat.

Le droit des baux à vie est perçu sur un capital formé de 10
fois (ou 12 fois et demie pour les immeubles ruraux) le prix et les

charges annuelles, en y ajoutant le montant des deniers d'entrée et des autres charges s'il en est stipulé (Loi de frimaire, art. 15, n° 3).

III. — Aux différents droits des baux immobiliers à durée limi-tée ou illimitée, il n'y a pas lieu d'ajouter le droit proportionnel de transcription : car, si la loi du 23 mars 1855 assujettit à la transcription les baux de plus de dix-huit ans, cette transcription a lieu moyennant le droit fixe de 1 franc. Il en est ainsi même pour les baux à vie, quoiqu'ils se rapprochent beaucoup de l'usu-fruit (Dem., 350 ; Rép. gén., 2888).

IV. — Pour les baux de plus de trois ans, la loi du 23 août 1871 (art. 11) permet de fractionner le droit proportionnel en autant de paiements, qu'il y a de périodes triennales dans la durée du bail. Ce fractionnement est de droit pour les baux à périodes, tels que les baux de trois, six ou neuf années : mais, pour les baux à durée fixe, le fractionnement n'a lieu que sur la réquisition des parties.

V. — Les sous-baux, cessions et subrogations de baux, sont assujettis aux mêmes droits et aux mêmes règles que les baux ; et notamment, s'il s'agit d'un bail à durée limitée, le droit de 20 cen-times par 100 fr. sera liquidé seulement sur les années restant à courir.

Les rétrocessions de baux sont aussi soumises au droit propor-tionnel comme les baux eux-mêmes. *Quid* lorsque la rétrocession est faite au propriétaire qui rentre ainsi en jouissance de sa chose ? Le propriétaire ne devient pas locataire de sa chose : il n'y a pas rétrocession de bail, mais résiliation des obligations du bailleur. C'est ce que l'administration admet aujourd'hui, et, en pareil cas, il n'y a lieu qu'au droit fixe : et, si le droit avait été fractionné, il cesse d'être exigible sur les périodes résiliées (sol. des 14 novembre — tr. d'union 4 décembre 1871 ; sol. du 30 juillet 1872 : *Dict. des réd.*, v° Bail, n° 429).

Si la résiliation volontaire du bail échappe au droit proportionnel, il doit *a fortiori* en être de même de la résiliation nécessaire (Dem., 354).

VI. — En ce qui concerne les mines, minières, carrières et tourbières, la Cour de cassation n'admet pas qu'il puisse y avoir là un bail : toute amodiation de ces biens est une vente des produits et non un bail du fonds ; on perçoit en conséquence le droit de vente mobilière (Cassat., 28 janvier 1857 : Rép. pér., 815).

VII. — La loi du 29 décembre 1790 n'admet plus les tenures perpétuelles : celles-ci sont translatives de propriété.

Aussi les baux à rentes perpétuelles opérant transmission de propriété (Loi de 1790 ; C. civ., art. 530), sont soumis au droit de 4 0/0, plus 1,50 0/0 pour droit de transcription : car ils sont de nature à être transcrits. Le droit se perçoit sur la rente capitalisée au denier 20 ou 25, en y ajoutant les charges (Loi de frimaire, art. 15, n° 2).

Il en est de même de l'emphytéose perpétuelle. Mais la loi de 1790 permet l'emphytéose pour une durée de quatre-vingt-dix-neuf ans au plus ; à quel droit soumettra-t-on l'emphytéose temporaire ? En droit civil, l'emphytéose n'est pas assimilée au louage ; mais, d'après l'opinion dominante, on en fait un droit réel immobilier susceptible d'hypothèque. La constitution d'emphytéose donne lieu, par suite, au droit de 5,50 0/0, compris le droit de transcription, et le droit est perçu, d'après l'opinion dominante, sur la déclaration estimative des parties (Dem., 360-II ; Répertoire de Dalloz, v° Enregistrement, n° 4624 ; Rép. gén., 2979, 8470).

CHAPITRE VII

DE LA TRANSACTION (C. CIV., ART. 2044 A 2058).

Malgré le caractère déclaratif que le droit civil assigne à la transaction (C. civ., art. 2052), un arrêt des chambres réunies du 12 décembre 1865 (Instr. 2347, § 4; Rép. pér., 2185) a décidé que la transaction doit être considérée comme translative de propriété au point de vue fiscal, et que, par suite, il faut percevoir un droit proportionnel sur la totalité des biens abandonnés par l'une des parties à l'autre.

Mais, s'il s'agit d'immeubles, quel sera le droit exigible? En prenant pour accordé qu'il y a lieu au droit proportionnel d'enregistrement (4 0/0), faut-il y ajouter le droit de transcription? Non, sans doute : car la transaction n'est pas un acte de nature à être transcrit, et l'arrêt des chambres réunies reconnaît lui-même que la transaction a un caractère purement déclaratif. Cependant le tribunal devant qui l'arrêt des chambres réunies avait renvoyé l'affaire, a jugé qu'il y avait lieu au droit de 5.50 0/0 (Trib. de Mâcon, 22 août 1866 : Rép. pér., 2393).

CHAPITRE VIII

DU CONTRAT DE MARIAGE (C. CIV., ART. 1387 A 1581).

1. — Le droit de jouissance qui résulte expressément ou virtuellement au profit du mari ou de la communauté de l'adoption de tel ou tel régime matrimonial, ne donne lieu à aucun droit de transmission, de même que la jouissance légale des père et mère sur les biens de leurs enfants mineurs (C. civ., art. 384).

De même l'adoption de certains régimes matrimoniaux entraîne virtuellement des transmissions de propriété (C. civ., art. 1401, 1551, etc.). Comme ces transmissions sont de la *nature* du contrat de mariage, le droit gradué qui frappe ce contrat englobe toutes les dispositions dont il s'agit (Dem., 619). Les apports en mariage et les mises en communauté sont affranchis du droit proportionnel par la loi de frimaire, et ils ne sont frappés aujourd'hui que du droit gradué : il en est ainsi notamment de l'ameublissement (Rép. gén., 2143). C'est le même principe que pour les sociétés ordinaires (Loi de frimaire, art. 68, § 3, n° 4; loi du 28 février 1872, art. 1, n° 1).

Mais les transmissions opérées en vertu de clauses accidentelles donnent lieu au droit de mutation : ainsi, dans le cas de l'article 1552 du Code civil, l'estimation donnée à l'immeuble constitué en dot n'en transporte pas la propriété au mari, s'il n'y en a déclaration expresse ; et, en cas de déclaration expresse, on perçoit le droit de 5,50 °/₀ (Dem., 620).

Les avantages indirects résultant de l'adoption de tel ou tel régime ne donnent lieu à aucun droit de mutation à titre gratuit ou onéreux : tels sont le forfait de communauté, la stipulation de communauté universelle, le préciput, les différentes clauses par lesquelles on assigne à chacun des époux des parts inégales dans la communauté (Dem., 622 ; V. les documents cités au Rép. gén., 5227 à 5250).

Quant au préciput, s'il a été stipulé même pour le cas où la femme renoncerait à la communauté, la doctrine y voit généralement une donation, et l'administration perçoit alors un droit fixe au jour du contrat, et le droit proportionnel de succession, au jour du décès, si la femme renonce à la communauté (Cassat., 12 juin 1872 : Rép. pér., 3520 ; Rép. gén., 5231-1).

II. — Du remploi.

Lorsque le remploi est opéré *incontinent* dans l'acte même d'acquisition, et qu'il est parfait dès ce moment, il n'est perçu aucun droit particulier en-dehors du droit de mutation sur l'acquisition, pas même un droit fixe sur la déclaration de remploi : car c'est une *disposition dépendante* de l'acquisition (sol. du 10 septembre 1873 : Rép. pér., 3712).

Le remploi peut être opéré *ex intervallo*, lorsque la femme, en faveur de qui il est fait, ne l'accepte que postérieurement à l'acquisition. D'après une pratique constante, on perçoit un droit fixe de 3 fr. sur l'acte d'acceptation du remploi, et il y a lieu, en outre, pour les biens susceptibles d'hypothèque à la perception anticipée du droit de transcription (1.50 0/0) : car, si l'acceptation a un effet rétroactif et résout la propriété intérimaire de la communauté, cet effet rétroactif a lieu sans préjudice des droits des tiers (Comp. C. civ., art. 1338), et la femme a intérêt à purger les hypothèques qui ont pu être constituées par le mari (Rép. gén., 13943 ; Dem., 631).

Il en est de même en cas de remploi *in futurum* (Dem., 632 ;

Rép. gén., 13949) : le droit proportionnel de transcription est dû sur l'acceptation qui en sera faite par la femme lors de la réalisation des valeurs à remplacer.

Mais, au cas où le remploi du propre aliéné de la femme a eu lieu en exécution d'une clause impérative du contrat de mariage, on peut soutenir que l'acceptation de la femme est inutile, ou tout au moins il est certain que l'acceptation faite *ex intervallo* produit un effet rétroactif vis-à-vis des tiers : la perception du droit de transcription est donc écartée (Dem., 633).

De même, il n'y a pas lieu au droit de transcription si dans l'acte d'acquisition il est stipulé que l'acceptation de la femme aura lieu dans un délai préfix : dans ce cas, l'acceptation doit rétroagir contre les tiers (Sol. du 24 mars 1857 ; tribunal de la Seine, 9 janvier 1858 : Rép. pér., 889, 1052 ; Rép. gén., 13947 ; Dem., 633 ; en sens contraire, Dict. des réd., v° *Régime dotal*, n° 199).

III. — Du retrait d'indivision (C. civ., art. 1408, § 2).

L'administration considère la propriété de la femme comme subordonnée à la condition suspensive de retirer le fonds : pour le moment, c'est la communauté ou le mari qui est propriétaire. L'acquisition faite par le mari ou la communauté est donc une vente et non une licitation : par suite, il est perçu un droit de 5.50 % sur la totalité du prix d'acquisition (Rép. pér., 832 ; Rép. gén., 10932 ; Instr. 2010, § 10).

IV. — Du paiement des reprises et autres droits de la femme.

Sous les régimes autres que la communauté, si, pour rembourser à la femme les sommes dotales ou paraphernales ou le prix de ses propres aliénés, on lui attribue des biens du mari, il y a dation en paiement, laquelle entraîne le droit proportionnel de vente (2 ou 5.50 %). V. Dem., 639.

Il en est de même au cas de renonciation d'une femme commune en biens ; les biens du mari qui lui sont attribués pour la remplir de ses reprises, donnent lieu au droit proportionnel de mutation (Rép. gén., 12521).

Au cas d'acceptation de la communauté, il n'est dû aucun droit proportionnel lorsque la femme exerce ses reprises sur les biens de communauté : c'est une opération préliminaire du partage. Il en est de même des reprises du mari (Déc. M. fin. et just., 18 juillet 1817 : Instr. 809, § 1 ; Instr. 2037, § 12). Mais la femme peut aussi exercer ses reprises sur les biens propres du mari : c'est alors une dation en paiement (Dem., 644).

V. — Remarquons que les reprises du survivant des époux constituent, en cas de renonciation à la communauté et sous tous les autres régimes, une pure créance contre la succession de l'époux prédécédé, que c'est là une charge dont il n'est pas fait distraction relativement à la liquidation des droits de succession. Si toutefois lors du décès il existe du numéraire, des billets de banque, des titres au porteur, on peut admettre que ces choses sont la représentation des reprises de l'époux survivant et qu'ainsi elles ne sont pas dans le patrimoine du prédécédé (Rép. gén., 16732 et 16733 ; Dem., 695 et 696).

Mais, en cas d'acceptation de la communauté, l'époux survivant prélève ses reprises à titre de copropriétaire par une opération préparatoire du partage : les reprises ne sont donc plus dans le patrimoine du prédécédé, et il doit en être fait distraction (Dem., 695).

CHAPITRE IX

I. — Nous avons eu souvent à parle rde l'usufruit : mais il reste à voir bien des règles que nous allons résumer ici.

Comme nous l'avons déjà dit, l'usufruit légal des père et mère (C. civ., art. 384), ainsi que la jouissance du mari sur les biens de sa femme, n'encourt aucun droit de mutation. Mais l'usufruit légal que l'article 754 du Code civil concède au père ou à la mère dans la succession de leur enfant décédé, est un véritable droit de succession qui est sujet à l'impôt des successions.

Passons à l'usufruit établi par la volonté de l'homme. Et d'abord la constitution et la transmission de l'usufruit à titre onéreux : il y a lieu au droit proportionnel des transmissions de propriété (2 ou 5. 50 0/0) ; ce droit est perçu sur le prix exprimé en y ajoutant toutes les charges en capital (loi de frimaire, art. 15, n° 6). S'il s'agit d'un échange de biens en usufruit, comme la loi fiscale n'a pas fixé en pareil cas la valeur de l'usufruit par rapport à la pleine propriété, il faut recourir à la déclaration estimative des parties pour fixer la valeur sur laquelle le droit proportionnel sera perçu (Dem., 761).

Quant à l'usufruit établi ou transmis à titre gratuit, la loi fiscale l'évalue invariablement à la moitié de la valeur de la pleine propriété. En conséquence, pour les meubles, le droit sera liquidé sur la moitié de leur valeur entière, et, pour les immeubles, sur le capital au denier 10 (ou 12 1/2) du revenu annuel des biens (loi de frimaire, art. 14, n° 11, et art. 15, n° 8). La quotité du droit est, au surplus, réglée suivant le tarif des donations entre-vifs ou des mutations par décès.

II. — Comment la loi fiscale traite-t-elle les mutations de nue propriété ?

La vente de la nue propriété entraîne virtuellement celle de l'usufruit qui se réunira à la propriété dans un temps plus ou moins long. Quels sont les droits à percevoir ? La loi a prévu la vente de la nue propriété dans un cas spécial ; c'est lorsque l'usufruit est réservé par le vendeur ; l'usufruit doit alors être estimé à la moitié de tout ce qui forme le prix du contrat, pour être ajouté à ce prix, et le droit de vente (2 ou 5.50 p. 100) est perçu sur le total ainsi obtenu (loi de frimaire, art. 15, n° 6).

Mais cette disposition de la loi de frimaire doit être rigoureusement circonscrite au cas d'usufruit réservé par le vendeur. Dans tous les autres cas de vente de la nue propriété, le droit de mutation perçu sur cette vente n'est liquidé que sur le prix exprimé et les charges, mais sans augmentation de moitié à raison de l'usufruit (Dem., 337, 338, 340). En outre, M. Demante (n° 342) pense que l'article 15, n° 6, de la loi de frimaire n'est applicable qu'aux ventes d'immeubles et non aux ventes de meubles.

En cas de transmission à titre gratuit de la nue propriété, le droit de donation entre-vifs ou de mutation par décès doit certainement être perçu sur la valeur entière des biens donnés, sans déduction de l'usufruit, comme s'il s'agissait d'une mutation de pleine propriété (Dem., 583).

Quid en cas de plusieurs transmissions successives à titre gratuit de la nue propriété ? Dans cette hypothèse, la jurisprudence a admis un tempérament fort équitable (Cassat., 27 décembre 1847 : Rép. gén., 16678) : quand le premier nu propriétaire a acquitté les droits sur la valeur entière de la propriété, on estime qu'il a payé une fois pour toutes les droits encourus pour l'expectative de l'usufruit, et qu'en conséquence son successeur ne doit plus payer l'impôt que sur la nue propriété seulement, c'est-à-dire sur la moitié de la valeur de la pleine propriété, puisque la loi évalue l'usufruit à moitié de cette dernière. Il en est ainsi même au cas de quasi-usufruit (Cassat., 25 juin 1862 : Rép. gén., 16721).

III. — De la réunion de l'usufruit à la nue propriété.

A. — La réunion de l'usufruit à la nue propriété peut s'opérer : 1° par l'extinction de l'usufruit ; 2° par la renonciation anticipée de l'usufruitier.

En cas d'extinction de l'usufruit par l'effet de l'une des causes légales d'extinction (C. civ., art. 617), il n'y a pas transmission d'usufruit : le nu propriétaire reprend son plein pouvoir sur la chose, mais il ne tient rien de l'usufruitier. Donc il n'est dû aucun droit proportionnel.

Quid en cas de renonciation anticipée de l'usufruitier? Si elle est faite à titre onéreux, le droit proportionnel d'enregistrement est exigible. Mais si la renonciation est pure et simple, le droit proportionnel n'est pas exigible, parce que cette renonciation ne constitue pas une donation : il n'y a lieu qu'au droit fixe de 3 francs. Toutefois le droit proportionnel de donation serait encouru même au cas de renonciation pure et simple, si l'usufruitier fait *donation expresse* au nu propriétaire, ou si, en présence de plusieurs copropriétaires, il ne renonce qu'au profit d'un ou de quelques uns entre eux (Dem., 333, 334). — Dans ces différents cas de renonciation anticipée de l'usufruitier, il faut d'ailleurs percevoir le droit proportionnel de transcription lors de l'enregistrement (Instr. 1320, § 9, et 1796, § 22) : car le nu propriétaire a intérêt à transcrire.

Nous avons vu qu'en cas de vente d'immeubles avec réserve d'usufruit au profit du vendeur, l'acquéreur est assujetti à payer les droits de mutation sur la pleine propriété (loi de frimaire, art.

15, n° 6). La loi ajoute qu'il ne sera dû aucun droit pour la réunion de l'usufruit ; mais que néanmoins, si cette réunion s'opère par un acte de cession et que le prix soit supérieur à l'évaluation qui en avait été faite lors de la vente conformément à l'article 15, n° 6, il sera dû un droit par supplément sur tout ce qui excédera cette évaluation : dans le cas contraire, il n'y a lieu qu'au droit fixe (Dem., 341).

En outre, en cas de transmission à titre gratuit de la nue propriété, comme le droit pour l'expectative de l'usufruit a été acquitté par le nu propriétaire, ou tout au moins par le premier nu propriétaire, la Cour de cassation décide qu'il n'est dû aucun droit proportionnel d'enregistrement pour la réunion de l'usufruit, soit qu'elle ait lieu par extinction ou par renonciation pure et simple, soit qu'elle ait lieu par acte de cession ou par donation formelle, s'appuyant sur l'article 15, n° 7 *in fine*, de la loi de frimaire (Cassat., 18 mai 1848 : *Rép. pér.*, 1454).

Quid en cas de résolution de l'usufruit pour abus de jouissance (C. civ., art. 618) ? D'après M. Demante (n° 336), il n'y aurait lieu à aucun droit de mutation, soit que le jugement prononce l'extinction absolue de l'usufruit (sauf le droit fixe sur ce jugement), soit qu'il ne résolve l'usufruit qu'à charge par le nu propriétaire de payer annuellement à l'usufruitier ou à ses ayant-cause une somme déterminée jusqu'à l'instant où l'usufruit aurait dû cesser (sauf le droit de 0.50 0/0 sur ce jugement qui porte liquidation de sommes et valeurs mobilières).

B. — Il nous reste à examiner le cas où c'est l'usufruitier qui acquiert la nue propriété.

Si l'usufruitier acquiert à titre gratuit la nue propriété, il ne paie le droit de mutation que sur la valeur de la nue propriété, sans y ajouter celle de l'usufruit (loi de frimaire, art. 15, n° 8), c'est-à-dire sur la moitié de la valeur de la pleine propriété. Il faut en dire autant du cas où l'usufruitier acquiert la nue propriété à titre onéreux, et celui-ci ne devra le droit de mutation que sur le prix d'acquisition, sans y ajouter la valeur de l'usufruit (Dem., 753).

II. — De l'usage et de l'habitation.

Les droits d'usage et d'habitation rentrent dans les mutations de jouissance dont parle la loi de frimaire ; à ce titre, leur constitution ou transmission donne lieu au droit proportionnel d'enregistrement qui frappe les mutations de propriété à titre gratuit ou onéreux. Il en est de même des servitudes. Telle est la pratique constante.

Le droit est perçu sur le prix exprimé, et, à défaut de prix, sur la déclaration estimative des parties.

Les actes constitutifs de servitude, d'usage ou d'habitation, sont assujettis à la formalité de la transcription par la loi du 23 mars 1855 : comme c'est là une innovation, la transcription a lieu au droit fixe d'un franc. Cependant, si ces droits réels résultent d'une donation, on peut se demander si la transcription a lieu en vertu de la loi de 1855 ou en vertu des règles du Code civil sur la transcription des donations : et, suivant l'opinion que l'on adopte sur cette question, on perçoit soit le droit fixe de 1 fr. soit le droit proportionnel de 1,50 0/0.

Comme l'antichrèse et les baux d'immeubles, les droits d'usage et d'habitation sur les immeubles et les droits de servitude sont soumis à un véritable droit de mutation qui frappe la constitution de ces droits ainsi que leur transmission entre-vifs, et permet à l'administration de rechercher les mutations secrètes ; et même les servitudes sont aussi assujetties à un droit de mutation en cas de transmission par décès.

Quant à la réunion de l'usage et de l'habitation à la propriété, il faut appliquer ce que nous avons dit en pareil cas de l'usufruit.

CHAPITRE X

I. — Théorie des conditions.

Parlons d'abord de la condition suspensive.

Pendente conditione, le droit proportionnel ne peut être perçu sur les mutations de propriété, d'usufruit ou de jouissance ; l'acte conditionnel doit seulement être enregistré au droit fixe de 3 francs.

A l'arrivée de la condition, le droit proportionnel devient exigible, sans restitution ni imputation du droit fixe perçu lors du contrat.

Remarquons que les droits de mutation encourus par les stipulations d'un contrat de mariage, quoique subordonnés à la célébration du mariage, sont, en pratique, perçus immédiatement, sauf restitution en cas de rupture du projet de mariage : car la perception n'a pas été régulière *ab initio*.

Passsons à la condition résolutoire.

Pendente conditione, la condition résolutoire n'empêche pas la perception immédiate des droits de mutation.

A l'avènement de la condition, les droits ayant été régulièrement perçus, ne sont pas sujets à restitution (loi de frimaire, art. 60).

Quid de la résolution elle-même ? Celle-ci ne donne lieu à aucun droit de mutation, mais seulement au droit fixe : car le vendeur ou donateur, restauré dans son domaine, y rentre par l'énergie d'un droit antérieur, *ex causa primœva et antiqua*.

Il faut d'ailleurs excepter certains cas spéciaux dont nous avons parlé au cours de ce travail : telle est la résolution de la vente pour défaut de paiement du prix.

Lorsqu'à l'arrivée de la condition résolutoire le droit de mutation n'est pas encore perçu, l'administration peut-elle encore exiger son paiement ? Non : car le contrat est anéanti par l'effet rétroactif de la condition résolutoire, et la perception manque de cause et de base. Cependant la pratique est fixée en sens contraire, et l'administration perçoit le droit de mutation même après la résolution (Instr. 2468). V. Demante, n°s 30 à 46.

II. — Théorie des nullités.

Un acte est nul de nullité absolue ou relative : comment le traitera-t-on vis-à-vis des droits proportionnels ?

Nous allons examiner : 1° la perception sur l'acte entaché de nullité ; 2° la perception sur l'acte qui déclare ou prononce la nullité du précédent.

Et d'abord parlons de l'acte entaché de nullité.

S'il s'agit d'un acte imparfait, le droit proportionnel ne peut pas être perçu.

En cas de nullité relative, tout le monde reconnaît que l'acte entaché de cette nullité est assurément sujet au droit proportionnel, sans restitution (loi de frimaire, article 60).

En cas de nullité absolue, la question est fort controversée. Cependant, d'après une pratique constante, l'administration perçoit les droits de mutation sur l'acte nul qui est présenté à l'enregistrement ; car le receveur n'est pas juge de la nullité, et, au surplus, l'acte quoique nul a une certaine efficacité et laisse même en général subsister l'obligation naturelle, laquelle peut servir de base à une exécution volontaire. Mais y a-t-il lieu du moins à restitution des droits de mutation, lorsque la nullité a été prononcée par les tribunaux ? L'article 60 de la loi de frimaire exclut la possibilité d'une restitution : les droits régulièrement perçus ne peuvent être restitués, sauf dans les cas prévus expressément par la loi.

Telle est la pratique : c'est aussi la doctrine enseignée par M. Demante (n°ˢ 47 à 51) et par M. Garnier (Rép. gén., vⁱˢ nullité, résolution et restitution).

Quand la nullité absolue ou relative a été prononcée avant la perception des droits de mutation, on peut, comme en cas de condition résolutoire, soutenir que le droit ne peut plus être perçu parce qu'il n'existe plus alors ni cause ni base de perception : cependant la pratique est contraire (Dem., 50-XVI).

Passons à la perception sur l'acte qui déclare ou prononce la nullité.

Il ne s'agit pas de la convention qui anéantit la transmission de propriété pour cause postérieure et étrangère au contrat : c'est là une *résolution volontaire* ou rétrocession, qui ouvre les droits de mutation.

Mais lorsque l'acte est annulé *ex causa primæva et antiqua*, pour cause inhérente au contrat (*résolution nécessaire*), il n'y a lieu qu'au droit fixe : c'est ce que la loi de frimaire (art. 68, § 3, n° 7) dit expressément à l'égard des jugements qui prononcent résolution pour cause de nullité radicale, c'est-à-dire à raison d'un vice qui existait au moment même de la formation du contrat.

En est-il de même lorsque la résolution nécessaire résulte d'un acte amiable comme un acquiescement ou une transaction ? Il semble qu'il n'y ait pas lieu de distinguer cette hypothèse de celle où la nullité est prononcée par jugement.

Mais la jurisprudence et la pratique, craignant des dissimulations et des fraudes, soumettent aux droits de mutation les actes amiables qui reconnaissent la nullité : on va même jusqu'à appliquer les mêmes règles aux jugements *d'expédient* (Cassat., 11 novembre 1873 : *Contrôleur de l'enregistrement*, n° 15218). V. *Rép. gén.*, 14348 ; en sens contraire, Dem., 52 à 59.

CHAPITRE XI

I. — Transmission simultanée de meubles et d'immeubles.

Lorsqu'un acte translatif de propriété ou d'usufruit comprend des meubles et des immeubles, le droit de mutation est perçu sur la totalité du prix, au taux réglé pour les immeubles (loi de frimaire, art. 9).

Cette disposition qui a pour but de prévenir les fraudes, doit être restreinte à la vente et aux actes équipollents à la vente : il en est ainsi des soultes d'échange. Mais cette disposition n'est pas applicable aux soultes de partage (sol. du 25 novembre 1862 et du 8 décembre 1865 : *Rép. gén.*, 12401).

Il est fait exception à la règle de l'article 9 de la loi de frimaire, lorsque la vente réunit les deux conditions suivantes : 1° il est stipulé un prix particulier pour les objets mobiliers ; 2° ils sont désignés et estimés, article par article, dans le contrat.

L'article 9 de la loi de frimaire avec son exception est applicable même au mobilier incorporel (Cassat., 19 février 1873 : *Rép. pér.*, 3575 ; *Rép. gén.*, 17774).

Une disposition analogue à celle de l'article 9 de la loi de frimaire a été établie par la loi du 28 février 1872 (art. 7), pour les différents objets que comprend la cession des fonds de commerce (V. *supra*, tit. I, chap. II).

II. — Territorialité de la loi fiscale au point de vue des droits de mutation.

Aux termes de la loi du 28 avril 1816 (art. 58), il ne peut être fait aucun usage public des actes passés en pays étranger ou dans les colonies, avant qu'ils n'aient acquitté les mêmes droits que s'ils avaient été souscrits en France et pour des biens situés en France.

Malgré la loi de 1816, la loi fiscale est purement territoriale au point de vue des droits de mutation, lorsqu'il s'agit d'immeubles. En effet, la loi du 16 juin 1824 (art. 4) décide que les actes translatifs de propriété, d'usufruit ou de jouissance de biens immeubles situés en pays étranger ou dans les colonies françaises où le droit d'enregistrement n'est pas établi, ne sont soumis qu'au droit fixe, lequel a été converti en un droit gradué par la loi du 28 février 1872 (art. 1er, n° 2).

Réciproquement tous les immeubles situés en France sont assujettis aux droits de mutation, encore que l'acte de transmission ait été passé en pays étranger, ou que ces biens appartiennent à des étrangers.

Quant aux meubles, la loi fiscale a une étendue d'application beaucoup plus large.

Toute transmission entre-vifs, à titre gratuit ou à titre onéreux, de fonds publics, actions, obligations, parts d'intérêts, créances, et généralement de toutes les valeurs mobilières françaises ou étrangères, de quelque nature qu'elles soient, est soumise aux droits de mutation, lorsqu'elle s'opère en France (loi du 23 août 1871, art. 4) : il en est de même *a fortiori* des meubles corporels (Rép. gén., 1392). Quant aux mutations de meubles et valeurs mobilières, de nationalité française ou étrangère, opérées à l'étranger, elles ne sont assujetties à l'enregistrement que dans le cas de l'article 58 de la loi du 28 avril 1816. Cependant toute transmission à titre gratuit de rentes sur l'État français est assujettie aux droits de mutation, sans distinction (loi du 18 mai 1850, art. 7).

Pour être cotées et négociées en France, les valeurs mobilières étrangères doivent se soumettre à la taxe annuelle de transmission, dont nous avons déjà parlé (supra, tit. I, chap. IV).

Enfin, quant aux mutations par décès, les meubles et valeurs dépendant de la succession d'une personne domiciliée à l'étranger, sont néanmoins assujettis aux droits de mutation, lorsqu'ils sont trouvés en France lors du décès (loi de frimaire, art. 27 ; V. Instr. 2003, § 3 ; Cassat., 20 janvier et 29 novembre 1858 : Rép. pér., 981, 1125). C'est ce que la loi du 18 mai 1850 (art. 7) a appliqué aux rentes sur l'État français, sans distinguer si la succession est ou non régie par la loi française.

Si le défunt était domicilié en France, on applique les droits de mutation à tous les meubles et valeurs mobilières dépendant de sa succession, même aux valeurs mobilières dépendant de la succession d'un étranger domicilié en France avec ou sans autorisation (loi du 18 mai 1850, art. 7 ; loi du 13 mai 1863, art. 11 ; loi du 23 août 1871, art. 3 et 4).

III. — Exceptions à la règle de l'exigibilité de l'impôt sur les mutations d'immeubles :

1° Acquisitions au profit de l'État. — Toutes les acquisitions faites au profit de l'État et tous les actes relatifs aux mutations dont les droits tomberaient à la charge du Trésor, sont exempts de l'impôt et sont enregistrés gratis : il en est de même des échanges entre l'État et les particuliers (loi du 24 juillet 1793, art. 7, § 2 ; loi du 22 frimaire an VII, art. 70, § 2, n° 1).

Quant aux départements, arrondissements, communes et établissements publics, ils ont été soumis au droit commun par la loi du 18 avril 1831 (art. 17) qui abroge l'article 7 de la loi du 16 juin 1824.

2° Les acquisitions de terrains pour la construction ou la réparation des routes nationales sont enregistrées gratis. Il en est de même des routes départementales et des chemins vicinaux, lorsqu'on se trouve dans le cas de l'article 58 de la loi du 3 mai 1841 : en-dehors de ce cas, les actes ayant pour objet exclusif la construction, l'entretien et la réparation des chemins vicinaux, sont soumis au droit fixe de 3 fr. (loi du 21 mai 1836, art. 20 ; loi du 18 mai 1850, art. 8 ; loi du 28 février 1872, art. 4).

3° Expropriation pour cause d'utilité publique (Loi du 3 mai 1841, art. 58). Les acquisitions d'immeubles faites en vertu de cette loi par les départements, les communes ou les concessionnaires de travaux, sont enregistrées gratis.

Il en est de même au cas d'acquisition d'un terrain par voie d'alignement, pourvu qu'il y ait un plan d'alignement approuvé, et que le propriétaire fasse volontairement démolir sa maison ou qu'il soit forcé de la démolir pour cause de vétusté. Une situation beaucoup plus favorable est faite, à cet égard, à la ville de Paris et aux villes assimilées, par le décret du 26 mars 1852.

IV. — Les ventes de biens immeubles de l'État sont soumises à un tarif particulier : le droit est de 2 0/0, et comme les biens de l'État ne sont pas susceptibles d'hypothèque, il n'y a pas lieu d'y ajouter le droit proportionnel de transcription (Loi du 15 floréal an X, art. 6 ; ordonn. du 10 décembre 1817 ; loi du 18 mai 1850, art. 2).

Mais les ventes de biens meubles faites par l'État sont assujetties au droit commun (Loi de frimaire, art. 69, § 5, n° 1).

Les adjudications et marchés pour constructions, réparations, entretien, approvisionnements et fournitures, dont le prix doit être payé directement par le Trésor, sont frappés du droit gradué (Loi du 28 février 1872, art. 1). Lorsque le prix doit en être payé par les administrations locales ou par des établissements publics, les mêmes adjudications donnent lieu au droit de 1 0/0 (Loi du 28 avril 1816, art. 51, n° 3), sauf la disposition précitée de la loi du 21 mai 1836 (art. 20) sur les chemins vicinaux, et celle de la loi du 6 juin 1857 sur le travail dans les prisons.

V. — Une décision du ministre des finances du 23 juin 1858 (Instr. 2132, § 4) dispense de tout droit de mutation par décès les effets qui sont acquis aux hospices en vertu de la loi du 15 pluviôse an XIII.

TITRE IV

DU RECOUVREMENT DES DROITS DE MUTATION.

Nous avons vu dans les titres précédents la double théorie de l'exigibilité et de la liquidation des droits de mutation : il nous reste à voir comment sont recouvrés ces droits d'enregistrement, les amendes et doubles droits qui peuvent être encourus, ainsi que les deux décimes et demi qui, sauf les cas d'exemption formellement prononcés par la loi, s'ajoutent au principal des droits simples comme aux droits en sus et aux amendes.

I. — Et d'abord il y a certains délais pour le paiement des droits de mutation.

Les actes publics doivent être enregistrés dans un délai assez bref : quatre jours pour les actes d'huissiers et autres ayant pouvoir de faire des exploits et procès-verbaux ; dix jours pour les actes des notaires (et quinze jours lorsque le notaire réside en-dehors de la commune où est situé le bureau d'enregistrement) ; dix jours pour les procès-verbaux des ventes publiques de marchandises faites par les courtiers de commerce ; vingt jours pour les jugements et actes judiciaires ; vingt jours pour les actes administratifs assujettis à la formalité de l'enregistrement ; vingt jours pour les actes et procès-verbaux de vente de prises et de navires ou débris de navires, faits par les officiers d'administration de la marine (Loi de frimaire, art. 20 ; loi du 28 avril 1816, art. 38 ; loi du 27 ventôse an IX, art. 7 ; loi du 28 juin 1861, art. 17).

Mais, en-dehors des actes publics, les actes ne sont pas soumis à l'enregistrement dans un délai préfix, à moins qu'il ne s'agisse d'actes portant mutation de propriété, d'usufruit ou de jouissance de biens immeubles, ou bien mutation de propriété ou d'usufruit de fonds de commerce et de clientèles (Loi de frimaire, art. 22 ; loi du 27 ventôse an IX, art. 4 ; loi du 23 août 1871, art. 11 ; loi du 28 février 1872, art. 8). Le délai est de trois mois à partir de la date de l'acte ; et, si on allègue une mutation verbale, la déclaration doit être enregistrée dans les trois mois de l'entrée en jouissance : cependant, malgré le texte des lois de l'an IX, de 1871 et de 1872, la Cour de cassation décide qu'en cas de mutation verbale le délai ne court du jour de l'entrée en possession que lorsque la date de la convention verbale n'est pas légalement prouvée, et que, si la date de cette convention est prouvée notamment par l'aveu des parties, il faut faire remonter le point de départ du délai légal jusqu'à cette date (Cassat., 29 décembre 1857 : Rép. pér., 982 ; Dem., 86 et 87).

Quant aux mutations par décès, elles sont toutes assujetties à l'impôt, sans distinction entre les meubles et les immeubles, dans les six mois du décès : si cette mutation a lieu en vertu d'un testament ou d'une donation entre époux (puisque la jurisprudence exempte cette donation de l'enregistrement pendant la vie du donateur), l'acte doit être enregistré au droit fixe dans les trois mois du décès (Loi de frimaire, art. 21), mais le droit de mutation ne sera exigible que dans les six mois.

II. — Quelle est la sanction du défaut d'enregistrement dans le délai prescrit par la loi ?

1° Actes publics (Loi de frimaire, art. 33 à 37 ; loi du 27 ventôse an IX, art. 7 ; loi du 16 juin 1824, art. 10).

Notaires : amende de 10 fr., s'il s'agit d'un droit fixe, ou un droit en sus qui ne peut être inférieur à 10 fr., s'il s'agit d'un droit proportionnel.

Huissiers, commissaires-priseurs, etc. : amende de 5 fr., plus une somme égale au droit d'enregistrement qui aurait dû être perçu : en outre, nullité de l'acte, dont l'huissier sera responsable envers la partie. Néanmoins, pour les procès-verbaux de vente de meubles et autres actes sujets au droit proportionnel, point de nullité, mais un droit en sus à titre d'amende qui ne peut être inférieur à 10 francs.

Greffiers, officiers d'administration de la marine, maires, secrétaires généraux de préfecture, etc., pour les actes énoncés plus haut : droit en sus, sauf les dispositions de l'article 37 de la loi de frimaire, de l'article 7, *in fine*, de la loi du 27 ventôse an IX, et de l'article 79 de la loi du 15 mai 1818.

2° Actes sous seing privé, testaments, donations entre époux (Loi de frimaire, art. 38) : droit en sus.

Aux termes de la loi du 23 août 1871 (art. 14) et de la loi du 28 février 1872 (art. 8), lorsqu'une mutation entre-vifs d'immeubles ou de fonds de commerce, par acte sous seing privé ou par convention verbale, n'est pas enregistrée dans le délai légal, l'ancien et le nouveau possesseur, le bailleur et le preneur encourent chacun personnellement un droit en sus qui ne peut être inférieur à 50 francs (sauf le délai supplémentaire accordé par les lois sus-énoncées au bailleur et à l'ancien possesseur).

3° Défaut de déclaration de succession (Loi de frimaire, art. 39) : demi-droit en sus.

III. — Des insuffisances et dissimulations de prix ou de valeur.

Les insuffisances de prix ou de valeur dans une mutation entre-vifs ou par décès, donnent lieu au droit en sus dans les cas prévus par l'article 3 de la loi du 21 juin 1875 et par l'article 5 de la loi du 27 ventôse an IX, qui seront ci-après expliqués.

En ce qui concerne le droit gradué, la dissimulation est soumise à des règles particulières (Loi du 28 février 1872, art. 3) : nous ne nous occupons ici que du véritable droit de mutation, lequel est un droit proportionnel.

En matière de meubles, l'insuffisance de la déclaration estimative ne peut être constatée que de la façon dont on établit les omissions de meubles dans une déclaration de succession (Cassat., 29 février 1860 : V. *infra*, n° IV). C'est ce que décide la loi du 21 juin 1875 (art. 3) pour les mutations par décès : l'insuffisance peut être constatée par le prix des ventes publiques ou par l'estimation contenue dans les inventaires et autres actes passés dans les deux années du décès ; l'insuffisance n'entraîne le droit en sus que si l'acte dont il s'agit est antérieur à la déclaration de succession.

En matière immobilière, l'insuffisance de la valeur déclarée ou du prix énoncé peut être établie par une expertise faite conformément aux articles 17 à 19 de la loi de frimaire, aux articles 1 et 2 de la loi du 15 novembre 1808 et à l'article 15 de la loi du 23 août 1871. L'expertise s'applique aux mutations de propriété et d'usufruit (Loi de frimaire, art. 17 et 19) comme aux mutations de jouissance (Loi de 1871, art. 11).

Si l'expertise constate une plus-value, le droit simple en est dû dans tous les cas : en outre, les frais de l'expertise seront à la charge du nouveau possesseur, et il encourra un droit en sus sur la plus-value, pourvu que l'estimation des experts excède au moins du huitième le prix énoncé ou la valeur déclarée ; et même le nouveau possesseur supportera, pour la plus minime plus-value, les frais de l'expertise et le droit en sus, lorsqu'il s'agit d'une mutation par décès (loi de frimaire, art. 18 et 39 ; loi du 27 ventôse an IX, art. 5). L'expertise ne peut être requise que dans l'année pour les mutations à titre onéreux, et dans les deux ans pour les mutations à titre gratuit, à compter de l'enregistrement du contrat ou de la déclaration. Remarquons d'ailleurs que l'expertise ne peut être appliquée aux adjudications en justice.

L'expertise est applicable aux cessions de fonds de commerce, mais seulement dans les trois mois de l'enregistrement du contrat ou de la déclaration (loi du 28 février 1872, art. 8).

Nota. — En cas de dissimulation dans le prix de vente ou dans la soulte d'un échange ou d'un partage de biens meubles ou immeubles, la peine encourue est une amende du quart de la somme dissimulée, laquelle sera payée solidairement par les parties. Cette dissimulation sera établie par tous les genres de preuves admises par le droit commun, à l'exception du serment décisoire : la preuve testimoniale ne peut être employée que pendant dix ans à compter de l'enregistrement de l'acte (loi du 23 août 1871, art. 12 et 13 ; loi du 28 février 1872, art. 8).

Ceci d'ailleurs ne s'applique qu'aux dissimulations, c'est-à-dire à l'énonciation frauduleuse du prix de vente, mais non aux insuffisances de prix qui n'ont rien de frauduleux.

IV. — Des mutations secrètes.

Les omissions dans les déclarations de succession sont frappées d'un droit en sus (loi de frimaire, art. 39); mais le défaut de déclaration de succession dans le délai légal ne donne lieu qu'au demi-droit en sus.

Quant aux mutations entre-vifs non déclarées dans le délai légal, elles encourent le droit en sus.

Les articles 12 et 13 de la loi de frimaire, pour faciliter la recherche des mutations secrètes d'immeubles, établissent des présomptions de mutation de propriété, d'usufruit ou de jouissance, qui sont suffisantes pour donner lieu à la perception des droits, sauf la preuve contraire.

La loi du 28 février 1872 (art. 9) établit des présomptions analogues pour les cessions de fonds de commerce.

La même loi (art. 5) permet de percevoir les droits de mutation sur la déclaration qui est faite pour obtenir la francisation d'un

navire ou son immatriculation au nom du nouveau possesseur : il
en est de même d'ailleurs de la déclaration de défrancisation (sol.
du 31 octobre 1873 : Rép. gén., 11664-3).

Mais, en-dehors des fonds de commerce et des navires, il n'y a
point de présomptions légales de mutation pour les meubles et
objets mobiliers. En conséquence, l'omission de certains meubles
dans une déclaration de succession ne peut être constatée que par
des faits et actes parvenus à la connaissance de la régie et propres
à établir juridiquement l'omission qu'elle allègue, tels que partages,
transactions, inventaires et autres actes semblables soumis à l'enregistrement (Cassat., 29 février 1860 : Rép. pér., 1284).

V. — Pour le recouvrement des droits de mutation, la loi
fiscale accorde à la régie d'autres droits que nous allons citer ici.

Loi du 22 pluviôse an VII : Déclaration préalable aux ventes
publiques de meubles, au bureau de l'enregistrement, à peine
d'amende.

Loi du 22 frimaire an VII, article 55 : Les municipalités doivent
remettre une liste des décès, tous les trois mois, au receveur de
l'enregistrement, à peine de 10 fr. d'amende.

Loi de frimaire, articles 49 à 51 : Les officiers ministériels sont
obligés de tenir un répertoire de leurs actes qui doit être visé tous
les trois mois par le receveur de l'enregistrement, à peine d'amende.
V. la loi du 16 juin 1824 (art. 11) pour les commissaires-priseurs
et courtiers de commerce, et la loi du 5 juin 1850 (art. 35, 36,
44, 46) pour les assureurs et compagnies d'assurances.

Loi de frimaire, articles 52 et 54 ; loi du 22 pluviôse an VII,
art. 8 ; décret du 4 messidor an XIII, art. 1 ; loi du 15 mai 1818,
art. 82 ; loi du 5 juin 1850, art. 16 ; loi du 23 août 1871, art.
22 ; loi du 21 juin 1875, art. 7 : Ces différents textes établissent
un droit de communication des registres, titres, répertoires, etc.,
au profit des préposés de l'enregistrement,

Loi de frimaire, art. 41 : Les officiers ministériels ne peuvent délivrer en brevet, copie ou expédition, aucun acte soumis à l'enregistrement sur la minute ou l'original, ni faire aucun acte en conséquence, avant qu'il ait été enregistré, sauf les exploits. V. loi du 28 avril 1816, art. 56 ; loi du 16 juin 1824, art. 11.

Loi de frimaire, art. 42. 43, 47, 48 ; loi du 23 août 1871, art. 16 : Il ne peut être fait aucun usage public d'un acte non enregistré. V. loi du 16 juin 1824, art. 11 et 13 ; loi du 5 juin 1850, art. 49.

Loi du 8 juillet 1852, art. 25 : Pour le transfert d'une rente sur l'État par suite de décès, obligation de présenter un certificat de paiement des droits de succession.

VI. — Par qui les droits de mutation doivent-ils être payés ? Ils doivent être acquittés avant l'enregistrement :

1° Par les notaires, huissiers, greffiers, etc., pour les actes de leur ministère, sauf leur recours contre les parties intéressées (Loi de frimaire, art. 28, 29 et 30). V. l'article 37 de la loi de frimaire, l'article 7 *in fine* de la loi du 27 ventose an IX et l'article 79 de la loi du 15 mai 1818.

Le Code civil (art. 2102, n° 7) établit un privilège sur le cautionnement des officiers ministériels pour faits de charge. V. loi du 25 nivôse an XIII (art. 1), et loi du 25 ventôse an XI (art. 33).

Remarquons que toute action pour le paiement d'un droit non perçu ou d'un supplément de perception sur un acte notarié, doit être dirigée contre les parties elles-mêmes et non contre le notaire qui a reçu l'acte.

2° Par les parties, pour les actes sous signature privée et ceux passés en pays étranger qu'elles ont à faire enregistrer, et les déclarations de mutations verbales (loi de frimaire, art. 28 et 29). Chacune des parties est tenue pour le tout au paiement des droits

(Cassat., 26 juillet 1853, 10 mars 1858, 1er février 1859 : Instr. 1986, § 12, et 2137, § 9 ; Rép. pér., 996, 1137).

3° Par les héritiers, légataires, et donataires, leurs tuteurs et curateurs, et les exécuteurs testamentaires, pour les testaments et autres actes de libéralité à cause de mort ; et par les héritiers, légataires et donataires, pour les droits de mutation par décès (Loi de frimaire, art. 28, 29 et 32).

Les droits de mutation doivent être supportés par les nouveaux possesseurs (loi de frimaire, art. 31). Néanmoins la loi du 23 août 1871 (art. 11 et 14) et la loi du 28 février 1872 (art. 6 et 8) décident :

1° Que toute location verbale d'immeubles doit toujours être enregistrée dans les trois mois par le bailleur (sauf son recours contre le preneur), à peine d'un droit en sus qui ne peut être inférieur à 50 francs, et que le preneur est déchargé de cette obligation.

2° Qu'à l'égard des autres mutations de jouissance d'immeubles et des mutations de propriété ou d'usufruit d'immeubles et de fonds de commerce, elles doivent être enregistrées à la diligence de l'ancien et du nouveau possesseur, du bailleur et du preneur, et que faute d'enregistrement dans les délais, chacun d'eux encourt personnellement et sans recours, nonobstant toute stipulation contraire, un droit en sus qui ne peut être inférieur à 50 fr. Dans ce second cas, l'ancien possesseur et le bailleur peuvent s'affranchir du droit en sus qui leur est personnellement imposé ainsi que du versement immédiat des droits simples, en déposant au bureau d'enregistrement l'acte de mutation ou la déclaration de cette mutation : à cet effet, un délai supplémentaire d'un mois leur est accordé en sus du délai ordinaire (loi du 23 août 1871, art. 14).

Pour les droits de succession, la loi de frimaire (art. 32) décide que les cohéritiers sont solidaires. Le même article établit, en cas de mutation par décès, un droit de préférence au profit de l'État contre tous créanciers et un droit de suite contre tous acquéreurs, c'est-à-dire un véritable privilège, *sur les revenus des biens à déclarer*, pour le paiement des droits : toutefois un avis du Conseil d'État du 11 septembre 1810 supprime le droit de suite relativement aux tiers-acquéreurs.

VII. — Des bureaux où les mutations doivent être enregistrées.

Les actes publics ne peuvent être enregistrés qu'au bureau dans l'arrondissement duquel réside celui qui a dressé l'acte. Quant aux actes sous seing privé, ils peuvent être enregistrés dans tous les bureaux indistinctement.

Les mutations par décès doivent être enregistrées au bureau de la situation des biens : il en est de même des déclarations, à défaut d'actes, de cession de fonds de commerce. Il en est de même aussi des mutations verbales d'immeubles en propriété ou en usufruit (Rép. gén., 5916).

Quant aux locations verbales d'immeubles, la déclaration peut en être faite indistinctement dans tous les bureaux (Instr. 2418 ; Rép. gén., 2666).

V. loi de frimaire, art. 26 et 27 ; loi du 27 ventôse an IX, art. 4 ; loi du 23 août 1871, art. 11 et 14 ; loi du 28 février 1872, art. 8.

VIII. — Des poursuites et instances.

Le premier acte de poursuite est une contrainte décernée par le receveur de l'enregistrement et visée par le juge de paix : son exécution ne peut être arrêtée que par une opposition avec assignation devant le tribunal civil de l'arrondissement. Le jugement est sans appel et ne peut être attaqué que par voie de cassation.

L'instruction des instances se fait par simples mémoires, sans plaidoiries : le ministère des avoués n'est pas obligatoire.

V. loi de frimaire, art. 63 à 66 ; loi du 27 ventôse an IX, art. 17 ; avis du Conseil d'État du 1er juin 1807.

La loi du 23 août 1871 (art. 13) et la loi du 28 février 1872 (art. 8) soumettent au droit commun les instances qui ont pour objet la dissimulation dans un prix de vente ou dans une soulte d'échange ou de partage : toutefois le ministère des avoués n'est pas obligatoire.

IX. — Prescription des droits de mutation.

Les demandes en restitution contre la régie se prescrivent par deux ans.

V. loi de frimaire, article 61 ; loi du 28 avril 1816, article 40 ; loi du 3 mai 1841, article 58 ; loi du 25 juin 1841, article 14.

Il y a prescription pour la demande des droits :

1° Par deux ans, à compter du jour de l'enregistrement, s'il s'agit d'un droit non perçu sur une disposition particulière dans un acte, ou d'un supplément de perception insuffisamment faite, ou d'une fausse évaluation dans une déclaration, et pour la constater par voie d'expertise (pour les mutations à titre onéreux, le délai d'expertise est d'un an).

Le même délai est applicable aux amendes, à compter du jour où les préposés auront été mis à portée de constater les contraventions.

2° Par cinq ans, à compter du jour de l'enregistrement, s'il s'agit d'une omission de biens dans une déclaration de succession.

3° Par dix ans, à compter du jour du décès, pour les successions non déclarées.

Le même délai de dix ans est applicable dans le cas prévu par la loi du 23 août 1871 (art. 13, alinéa 1er).

4° Par trente ans, pour les droits de mutation par décès des inscriptions de rentes sur l'État, et pour les peines encourues en cas de retard ou d'omission de ces valeurs dans les déclarations de succession.

5° Par trente ans, dans tous les cas non prévus par les lois fiscales : tels sont les actes qui n'ont pas été présentés à la formalité de l'enregistrement, et les mutations secrètes ; il en est de même lorsqu'il est intervenu un jugement portant condamnation au paiement de l'impôt (Cassat., 16 mars 1858 : Rép. pér., 994 ; Dem., 835-I).

V. loi de frimaire, art. 17, 61, 62 ; loi du 16 juin 1824, art. 14 ; loi du 18 mai 1850, art. 11 ; loi du 8 juillet 1852, art. 26.

BIBLIOGRAPHIE

ROLLAND DE VILLARGUES. — *Répertoire du notariat*. Paris, 1840-1845.

ROLLAND DE VILLARGUES. — *Jurisprudence du notariat*, journal fondé à Paris en 1828.

FAVARD DE LANGLADE. — *Répertoire de législation*. Paris, 1823-1824.

DALLOZ. — *Répertoire de législation*. Paris, 1845-1864, et 1870 (*Histoire générale du droit français*).

DALLOZ. — Codes annotés : *Code de l'enregistrement*. Paris, 1878.

MERLIN. — *Répertoire de jurisprudence*. Paris, 1827-1828.

MERLIN. — *Questions de droit*. Paris, 1827-1830.

CHAMPIONNIÈRE ET RIGAUD. — *Traité des droits d'enregistrement*, suivi d'un dictionnaire des droits d'enregistrement. Paris, 1839-1841. — Supplément à ce traité. Paris, 1851.

BIGORNE. — *Refonte et analyse des circulaires et instructions de l'administration de l'enregistrement*. Amiens, 1860.

Journal des notaires et des avocats, fondé à Paris en 1808.

Le Contrôleur de l'enregistrement, journal fondé à Paris en 1819.

Journal de l'enregistrement et des domaines, fondé à Paris en l'an VII (1798).

Dictionnaire des droits d'enregistrement, par les rédacteurs du Journal de l'enregistrement et des domaines. Paris, 1875-1881 (*en cours de publication*).

EMILE PAULTRE. — *Revue du notariat et de l'enregistrement.*

GARNIER. — *Répertoire général de l'enregistrement.* Paris, 1874.

GARNIER. — *Répertoire périodique de l'enregistrement*, fondé à Paris en 1854.

G. DEMANTE. — *Principes de l'enregistrement.* Paris, 1878-1880.

CH. LAUSEL. — *Encyclopédie du notariat et de l'enregistrement.* Paris, 1879-1881 (*en cours de publication*).

————

ABRÉVIATIONS

Cassat., ...	Arrêt de la Cour de cassation.
C. civ., ...	Code civil.
Déc. M. fin., ...	Décision du Ministre des finances.
Déc. M. fin. et just.,	Décision du Ministre des finances et du Ministre de la justice.
Délib., ...	Délibération du conseil d'administration.
Dem., ...	M. Demante, Principes de l'enregistrement.
Dict. des réd., ...	Dictionnaire des droits d'enregistrement, par les Rédacteurs du Journal de l'enregistrement et des domaines.
Instr., ...	Instructions générales de M. le directeur général de l'Administration de l'enregistrement et des domaines.
J. E., ...	Journal de l'enregistrement et des domaines.
Rép. gén., ...	Répertoire général de l'enregistrement, par M. Garnier.
Rép. pér., ...	Répertoire périodique de l'enregistrement, par le même.
Sol., ...	Solution de l'Administration.

POSITIONS

DROIT ROMAIN

I. — Le constitut supposant essentiellement une obligation préexistante, lorsque ce pacte est intervenu entre le même créancier et le même débiteur que la dette primitive, le créancier a-t-il le choix entre l'action résultant de cette dette et l'action *ex constituta pecunia*? Cela dépend entièrement de l'intention des parties.

II. — La *sponsio* et la *fidepromissio* s'appliquèrent, sinon à l'origine, du moins bien avant Justinien, à toutes les formes d'obligations verbales, et notamment à la *dictio dotis* et au *jusjurandum liberti*.

III. — Lorsque le fidéjusseur a contracté une obligation plus onéreuse que l'obligation principale, la fidéjussion est, non pas réductible, comme le cautionnement constitué par un pacte de constitut ou un *mandatum pecuniæ credendæ*, mais absolument nulle.

IV. — Quand le *sponsor* ou *fidepromissor* se trouve libéré par l'effet de la loi Furia, c'est-à-dire par l'expiration du délai de deux ans, il ne subsiste point d'obligation naturelle.

V. — Le fidéjusseur peut, même dans le contrat d'*adpromissio*, renoncer au bénéfice de discussion.

DROIT CIVIL FRANÇAIS

VI. — La séparation de biens qu'entraîne virtuellement la séparation de corps, ne rétroagit point, comme la séparation de biens prononcée principalement, au jour de la demande en justice.

VII. — La femme séparée de corps, qui n'a point accepté la communauté dans les trois mois et quarante jours, et qui n'a point demandé une prorogation de délai (C. civ., art. 1463), est irrévocablement déchue de tout droit sur la communauté.

VIII. — La disposition précitée de l'article 1463 du Code civil, est également applicable à la femme séparée de biens.

IX. — L'héritier bénéficiaire peut comprendre les droits de mutation dans son compte de bénéfice d'inventaire.

X. — Le légataire universel ou à titre universel n'est tenu des dettes héréditaires que *intra vires*, sauf le cas où il a la saisine.

DROIT ADMINISTRATIF

XI. — La solidarité entre cohéritiers pour le paiement des droits de succession (Loi du 22 frimaire an VII, art. 32) n'est pas applicable aux légataires universels ou à titre universel.

XII. — L'État n'a point, pour les droits de mutation par décès, un droit de privilège et même de prélèvement sur les biens de la succession : il n'a pas d'autre droit que son privilège sur les fruits et revenus des biens à déclarer, dans les limites de l'article 32 de la loi du 22 frimaire an VII et de l'avis du Conseil d'État du 21 septembre 1810.

XIII. — La loi du 28 février 1872 (art. 8) percevant le droit de 2 p. 100 sur la *cession du droit au bail* qui accompagne la cession d'un fonds de commerce, il n'y a point lieu de percevoir en sus le droit de 0.20 p. 100 sur la *cession du bail* pour les années restant à courir.

XIV. — La contrainte délivrée pour le recouvrement des droits d'engistrement n'entraîne pas hypothèque judiciaire.

DROIT DES GENS

XV. — Un souverain qui se trouve en pays étranger, ne jouit de l'immunité de juridiction qu'autant qu'il agit en sa qualité de souverain, et non dans les cas où il agit comme simple particulier.

XVI. — Un Français ne pourrait pas assigner un État étranger devant un tribunal français en vertu de l'article 14 du Code civil ni pratiquer une saisie-arrêt sur des fonds déposés chez un banquier français au nom de ce gouvernement, ou une saisie-exécution des biens lui appartenant en France.

XVII. — Un État abolitionniste ne doit pas livrer des esclaves réfugiés sur son territoire, même lorsque leur extradition est réclamée à raison de crimes de droit commun qui ont précédé ou accompagné la fuite de ces esclaves.

DROIT CRIMINEL

XVIII. — La tentative d'avortement échappe à la loi pénale.

XIX. — Dans le délit d'usure, la prescription commence à courir dès le second prêt usuraire.

XX. — La nullité résultant de l'interdiction légale peut être invoquée par le tiers qui a contracté avec l'interdit comme par ce dernier lui-même.

XXI. — L'interdiction légale ne crée d'incapacité que pour les actes entre-vifs relatifs à la fortune du condamné : elle ne fait obstacle ni à la faculté de tester ni à celle de contracter mariage ou de reconnaître un enfant naturel.

XXII. — Le mari qui a porté plainte de l'adultère de sa femme, peut encore se désister de sa plainte et arrêter l'action publique intentée.

XXIII. — Il n'y a pas contravention aux règlements sur la police des chemins de fer, lorsque le voyageur dont le bagage excède 30 kil., présente, pour obtenir le transport gratuit de l'excédent, des billets appartenant à d'autres voyageurs.

XXIV. — Le voyageur qui monte dans une voiture pendant que le train est en marche, ne commet pas une contravention.

XXV. — Le voyageur muni d'un billet d'*aller et retour* peut céder son *retour* sans commettre une contravention (sauf l'application de l'art. 70 de l'ordonnance du 15 novembre 1846).

Vu par le Président de la thèse,
DE VALROGER.

Vu par le Doyen,
CH. BEUDANT.

Vu et permis d'imprimer,
Le Vice-Recteur de l'Académie de Paris,
GRÉARD.

Imprimerie A. DERENNE, Mayenne. — Paris, Boulevard Saint-Michel, 52.